# BUENOS-AYRES

## SA SITUATION PRÉSENTE

### SES LOIS LIBÉRALES, SA POPULATION IMMIGRANTE

### SES PROGRÈS COMMERCIAUX ET INDUSTRIELS

PAR

M. BALCARCE.

PARIS

IMPRIMERIE D'AD. BLONDEAU, RUE DU PETIT-CARREAU, 26.

—

1857

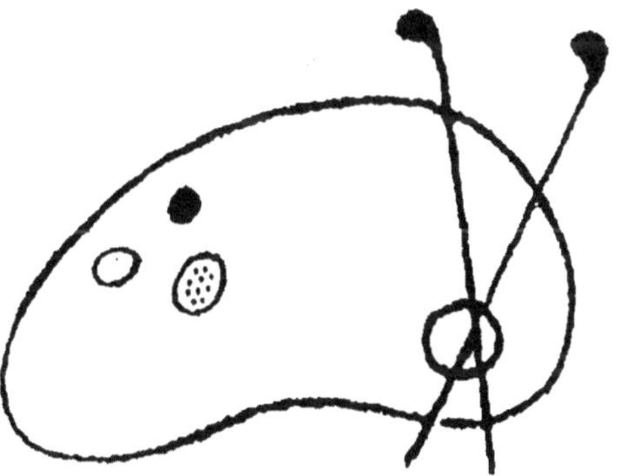

Fin d'une série de documents
en couleur

# BUENOS-AYRES

# BUENOS-AYRES

## SA SITUATION PRÉSENTE

SES LOIS LIBÉRALES, SA POPULATION IMMIGRANTE

SES PROGRÈS COMMERCIAUX ET INDUSTRIELS

PAR

M. BALCARCE.

PARIS

IMPRIMERIE D'AD. BLONDEAU, RUE DU PETIT-CARREAU, 26.

1857

# BUENOS-AYRES

## I

## SITUATION POLITIQUE.

NÉCESSITÉ D'ÉCLAIRER L'OPINION EUROPÉENNE. — CONSTITUTION DE SEPTEMBRE 1854 : LES ÉVÉNEMENTS QUI L'ONT PRODUITE ET LA SITUATION QUI L'A SUIVIE.

L'État de Buenos-Ayres n'a point échappé aux atteintes du dénigrement. Des intérêts mal compris, des rivalités peu patriotiques ont travaillé à dénaturer ou à tenir dans l'ombre les faits propres à démontrer le libéralisme de ses intentions, l'importance internationale de ses actes, le vaste essor et les rapides développements de sa prospérité intérieure.

Buenos-Ayres a été systématiquement déprécié au profit des Provinces Confédérées (1), sans qu'on ait paru soupçonner qu'une

(1) Dans un ouvrage récent, intitulé : *Organizacion de la Confederacion Argen-*

telle partialité pouvait entretenir des germes durables d'antagonisme entre les parties d'un pays qu'une intime solidarité rapproche, et qui se frapperaient, l'une et l'autre, dans leurs plus chers intérêts, en se combattant.

C'est, sans doute, le privilége du temps de faire la part de la vérité; mais cette lumière est souvent tardive, et il n'est point inopportun de la devancer. Appartenant par l'origine, les sentiments et la position à la nation argentine, ce qui, pour d'autres, ne serait peut-être qu'une convenance devient pour nous un devoir. Établi, d'ailleurs, en France depuis longues années, soustrait dès lors à toutes les influences locales, et aux préventions qu'elles peuvent faire naître, nous croyons apporter, par cette double condition, d'entières garanties d'impartialité. Tout, au reste, dans les indications qui vont suivre, repose sur des aperçus authentiques et des données confirmées; ce qui place sous les yeux du lecteur des faits officiels, au lieu d'assertions vagues, et lui laisse le soin d'en déterminer la signification et les conséquences.

Les circonstances qui ont produit la situation actuelle de Buenos-Ayres sont connues. On sait qu'après la chute du général Rosas, en février 1852, le docteur D. Vicente Lopez fut nommé au gouvernement de Buenos-Ayres, dont il se démit volontairement le 23 juin de la même année. Conformément à la

*tina*, il est dit, entre autres insinuations peu bienveillantes : « Le monopole, re-« présenté par Buenos-Ayres, aspire à reconquérir son empire perdu. »

Le *Pays* du 20 avril 1856 contenait les lignes suivantes :

« Buenos-Ayres continue à revendiquer le monopole du commerce extérieur. »

Dans le *Constitutionnel* du 16 octobre, même année, on lisait :

« Les deux principes de l'État de Buenos-Ayres: suprématie politique, monopole « commercial, sont renversés. »

Enfin, les *Débats* du 17 décembre 1856 disaient, à leur tour : « Le monopole « auquel prétend Buenos-Ayres s'appuie, comme tous les monopoles, sur l'iniquité « et l'oppression, et répudie les idées de libre navigation et de libre commerce. »

loi du 23 décembre 1823, le général don Manuel Guillermo Pinto, président de la Chambre des représentants, se saisit alors du pouvoir; mais, méconnaissant son double caractère comme gouverneur légal et comme président de l'Assemblée, le général Urquiza l'en dépossédа le même jour, s'appropriant l'autorité, qu'il garda jusqu'au moment où, appelé dans l'intérieur du pays par des intérêts politiques, il dut quitter Buenos-Ayres, confiant, par acte dictatorial, à un des généraux sous ses ordres le gouvernement de la province. Ce dernier fut spontanément renversé, le 11 septembre 1852, par un mouvement populaire; la Chambre précédemment dissoute put, de nouveau, se réunir, et, grâce à la légalité rétablie, le pouvoir passa aux mains de son président.

A la suite de ces événements, le général Urquiza abandonna la province d'Entre-Rios; il vint mettre le siége devant Buenos-Ayres et bloquer son port.

Mais la dispersion de son armée, l'attitude de l'escadre, fraternisant avec la population, et la résistance unanime tant des habitants indigènes que des habitants européens de cette grande cité, forcèrent le général Urquiza de renoncer, par une retraite précipitée, à une tentative ouvertement condamnée par le sentiment national.

Le 24 juillet 1853, le citoyen don Pastor Obligado fut nommé gouverneur provisoire, et, le 27 mai 1854, après l'installation régulière des Chambres législatives et la promulgation de la nouvelle Constitution, il fut élu, par le vote des deux Assemblées, premier gouverneur constitutionnel de l'État.

De leur côté, les députés des Provinces Argentines, réunis en congrès à Santa-Fé, se donnèrent une constitution, déléguant le pouvoir exécutif au général Urquiza.

Les rapports des deux fractions séparées de la famille Argentine affectèrent une tendance hostile jusqu'à la fin de 1854, où fut signé le traité du 20 décembre, dont l'article Ier stipulait : « la reconnaissance mutuelle du *statu quo* », et par lequel les deux États s'engageaient à maintenir réciproquement des liens de bonne harmonie, et à ne point s'imposer de charges spéciales, ne grèvant pas le commerce étranger. (A)

Cette convention, amplifiée par celle du 8 janvier 1855 (B), eut pour résultat de rétablir la confiance, de raffermir le crédit public, de rendre la vie aux progrès matériels ou moraux interrompus.

L'État de Buenos-Ayres vit accréditer près de lui, par toutes les puissances amies et par le gouvernement fédéral lui-même, des agents diplomatiques et consulaires : il s'y fit également représenter (C). Une seule exception se rencontra pour la République du Chili qui, sans motif bien appréciable, refusa de reconnaître un consul Buenos-Ayrien.

Sous l'administration éclairée, tolérante et ferme du docteur Obligado, et grâce à l'impulsion féconde qu'imprimèrent aux affaires publiques les différents ministres dont il s'entoura (le docteur Portela, D. J. B. Peña, C. Norberto de la Riestra, les docteurs Alcina et Velez Sarsfield, les généraux Escalada et Mitre) Buenos-Ayres ne se départit point, un instant, de la politique confraternelle qu'elle avait adoptée dès le premier jour de sa nouvelle organisation, tant à l'égard des nations étrangères qu'envers les Provinces Confédérées.

C'est ainsi qu'en conservant à l'égard du gouvernement du Paraná une attitude amicale, et en laissant au pays un équilibre politique intact et une situation matérielle prospère, le docteur Obligado aura atteint, en mai prochain, le terme légal de ses pouvoirs, et que les Chambres législatives seront appelées à lui nommer un successeur.

La scission, survenue entre les provinces de la Confédération Argentine, avait rompu l'unité du faisceau fédéral. Plusieurs gouvernements étrangers, influencés, peut-être, par cette circonstance, et par les insinuations fallacieuses qui représentaient Buenos-Ayres comme aspirant au monopole commercial, hostile à la libre navigation des rivières et à l'expansion européenne sur les rives de la Plata, sans briser avec cet Etat leurs liens de cordialité, en rappelèrent leurs légations. L'honorable M. Le Moyne, qui, à Buenos-Ayres, de même qu'au Pérou et dans l'ancienne Colombie, avait représenté la France avec une conciliante dignité, et en couvrant ses nationaux de la plus constante protection, dut quitter son poste, au moment même où, par un assez frappant contraste, des Etats du continent américain resserraient avec Buenos-Ayres leurs rapports et leurs intérêts.

Cette modification dans les relations internationales de Buenos-Ayres fut mise à profit par le gouvernement du Paraná, pour répudier l'attitude pacifique qu'avait créée entre les deux Etats la convention précitée du 20 décembre 1854. Ce traité fut dénoncé le 18 mars 1856, et, par une loi postérieure, le gouvernement du Paraná, dans le but d'attirer le commerce direct, établit, contre Buenos-Ayres, des droits différentiels (D). Les marchandises, venant de cette ville furent frappées d'une double taxe; ce qui doit favoriser, dans une certaine mesure, le commerce du Chili et du Brésil; les négociants des provinces Argentines ayant intérêt, vu l'infériorité relative des droits, à se pourvoir soit à Valparaiso, soit à Rio, d'articles européens, au lieu de continuer à le faire à Buenos-Ayres ou à Montevideo. Toutefois, s'il y a dommage pour Buenos-Ayres, ce préjudice sera bien léger; car le commerce, en dépit des dispositions restrictives, va toujours où l'appellent ses intérêts, et où l'expérience lui a appris à les placer : nous ne sachons pas, du reste, que jusqu'à ce jour, aucun navire français ni autre se soit acheminé directement dans les rivières intérieures de la Confédération Argentine. Si cette mesure a présenté quelque gravité, c'est donc surtout par son caractère peu libéral, et comme exhumation des vieilles doctrines économiques, condamnées par l'esprit et par la pratique modernes.

Quoi qu'il en soit, la mesure de rappel, qui avait très vraisemblablement conduit le gouvernement du Paraná à ces hostilités économiques et commerciales, dut paraître d'autant plus regrettable qu'elle était inconciliable, dans son principe, avec l'importance des intérêts qui rattachent l'Europe en général, et la France en particulier, à l'Etat Buenos-Ayrien. La grande nation Occidentale se privait ainsi de la puissante influence qu'elle aurait pu exercer pour restaurer une conciliation compromise entre les Etats de la Plata, et, pour concourir à recréer peut-être une identification, profitable à la prospérité commune. En conservant au gouvernement du Paraná une représentation qu'elle enlevait à celui de Buenos-Ayres, elle semblait renoncer aux conditions de stricte neutralité, seules propres à lui permettre d'étendre partout son action et de prévenir toute possibilité de retour d'ingérences étrangères dans les affaires intérieures de ces contrées; ingérences qui ont laissé de tristes souvenirs, et auxquelles a mis fin la politique loyale, équitable et ferme du gouvernement Impérial.

Sauf cette disposition évidemment transitoire, rien n'altéra la sécurité des rapports internationaux, et trois points fondamentaux purent occuper exclusivement l'attention de la législature et du pouvoir exécutif :

1° La liberté maritime et commerciale;

2° L'immigration étrangère;

3° Les améliorations intérieures.

On va voir ce que les pouvoirs publics ont fait pour la réalisation de chacun d'eux.

## II

# LIBERTÉ MARITIME.

NAVIGATION DES RIVIÈRES INTÉRIEURES. — LOIS DE DOUANE : PORTS FRANCS : INDUSTRIE ÉTRANGÈRE ET NATIONALE.

Tout se tient dans la grande unité des nations. Les intérêts fondamentaux de l'État de Buenos-Ayres se relient nécessairement aux droits, aux progrès et aux libertés des autres peuples. Cette vérité a été sentie par l'Administration actuelle : elle a compris que le commerce national intérieur prendrait un essor fécond si l'accès des fleuves était rendu libre pour tous les pavillons du monde, et si l'on arrivait à créer, sur le littoral, des centres de population et d'activité commerciale, destinés à faciliter l'exportation des produits de la République, dont l'écoulement était demeuré jusqu'alors limité par l'insuffisance des moyens de transport.

La législature promulgua, en conséquence, la loi du 18 octobre 1852 (E).

Cette loi déclara les fleuves indistinctement navigables pour les navires de commerce de tout pavillon et de toute provenance, les exemptant de tout impôt maritime, et supprimant les formalités qui auraient pu empêcher ou retarder leur libre entrée dans les eaux de Buenos-Ayres.

Aucun genre de restriction ne fut apporté à l'exercice de la navigation dans la partie des rivières appartenant au territoire de l'Etat : ni stations forcées, ni visites, ni droits de passage. Les navires ne furent plus contraints de relâcher à l'île Martin-Garcia, ni d'y subir une visite de déchargement. La présence, jusqu'alors réglementaire, de gardiens à bord, cessa d'être obligatoire. L'immunité fut complète, le principe absolu ; car l'administration de l'Etat de Buenos-Ayres n'avait point hésité à reconnaître, comme une vérité civilisatrice : « que la libre navigation « des rivières était, tant pour Buenos-Ayres que pour les nations « situées dans la partie supérieure des fleuves, non un droit de « convention, mais un droit naturel, — gravé sur le territoire « même par le doigt de la Providence, — qui forçait à mettre « l'ordre moral en harmonie avec l'ordre physique, et à regarder « les rivières navigables comme un grand chemin qui unit à « toutes les contrées l'intérieur du continent (1). »

*Le gouvernement de Buenos-Ayres déclara, d'ailleurs, qu'il était prêt à passer de la théorie à l'application, « en consi- « gnant les dispositions fondamentales qui régissent la navi- « gation libre des rivières, dans des traités publics avec celles « des Puissances étrangères qui pourraient désirer en sou- « mettre le principe à cette sanction* (2) ».

Une égale liberté fut acquise à tous les pavillons pour le commerce de cabotage sur le littoral du Paraná, et les bâtiments

(1) Discours de M. le docteur Velez Sarsfield, ministre actuel des relations extérieures.

(2) *Coleccion de Leyes y Decretos*. Buenos-Ayres, 1856.

étrangers furent assimilés, sous ce rapport, aux navires nationaux.

La législature avait consacré l'indépendance maritime des fleuves : elle rendit ces nouvelles conditions effectives par la création, sur le Paraná, du port de San-Nicolas (F), où tout bâtiment marchand put aborder, jeter l'ancre, introduire des marchandises de toute espèce, ou les laisser en dépôt, sans autres exigences ni charges, que celles requises dans le port central de Buenos-Ayres.

Cet épanouissement commercial fut completé par la déclaration qui ouvrit librement à l'importation comme à l'exportation les ports de Bahia-Blanca et de Patagones (G) sur l'Atlantique, le premier, situé à l'embouchure du Colorado, et le second, à l'embouchure du Rio-Negro. Un récent décret, enfin, a décidé la création d'une ville à l'embouchure du Salado; ce qui, en rendant accessible à la navigation commerciale un port maritime, déjà connu, et où de nombreux navires s'étaient réunis, de 1826 à 1828, pendant le blocus de Buenos-Ayres par les forces navales du Brésil, ne peut manquer de favoriser le commerce de la région sud du pays, soumis actuellement, par voie de terre, à d'extrêmes lenteurs, et d'aider au développement rapide de cette partie du territoire.

Ces mesures concordaient avec l'esprit du décret législatif du 7 septembre 1854, égalisant entre les pavillons étrangers et le pavillon national les droits de port, de fanal et de tonnage, et avec les dispositions de la nouvelle loi des douanes, qui manifeste, dans son caractère économique, le même libéralisme de vues et qui tend à la même expansion internationale (H).

Des prohibitions pesaient en 1852 sur le commerce. Une protection, dommageable à plusieurs branches d'industrie, couvrait certains produits nationaux, et diverses spécialités de marchandises étaient interdites à la consommation indigène, par suite de l'élévation des tarifs qui, dans quelques cas, portaient les droits perçus à la limite extrême de 50 p. 0/0.

En 1853, cette situation fut radicalement modifiée. La loi nouvelle des douanes leva toutes les prohibitions : plusieurs marchandises furent affranchies de tout impôt, à l'entrée comme à la sortie, et grâce à la base modérée des estimations et au mode de fixation des valeurs, on fit descendre à une moyenne de 12 p. 0/0 les droits actuels (1).

Les produits bruts et les articles manufacturés des Provinces Confédérées purent être introduits en franchise dans l'État de Buenos-Ayres ou maritimement exportés : c'est ainsi, suivant l'expression même de M. le Ministre des Affaires étrangères dans son importante Circulaire à MM. les consuls, si remarquable par la plénitude des détails et la haute rectitude des aperçus (I), que le gouvernement restaura commercialement les liens de fraternité qui pourront, un jour, servir à réorganiser la Confédération Argentine dans une unité féconde.

Afin de faciliter aux négociants de l'intérieur le moyen de s'approvisionner de marchandises étrangères, sans payer de droits à la douane de Buenos-Ayres, des dispositions complémentaires fixèrent, dans le sens le plus libéral, les conditions de transit (J); elles réglementèrent, suivant le même esprit, tous les détails d'application; la prohibition et l'exclusivisme disparurent, en un mot, du code des douanes, en même temps qu'ils s'effaçaient de la législation maritime.

(1) Les soieries paient 8 p. 100, les tissus de laine et de coton 15 p. 100, boissons et les liquides en général 25 p. 100.

Ce dernier chiffre constitue la taxe la plus élevée de la fiscalité douanière.

## III

# IMMIGRATION ÉTRANGÈRE.

### SON UTILITÉ POUR LE PAYS ; SES AVANTAGES POUR L'EUROPE.

Le territoire argentin est l'une des plus riches contrées du continent sud-américain. Absence de maladies endémiques, climat salubre, sol fertile, ciel généreux. Le Parana, qui débouche par ses bras divers dans la Plata, est divisé, dans le cours entier de son delta, par des canaux navigables. Ce littoral est fertilisé par des inondations, enrichi par le limon du fleuve, et susceptible de parvenir, sous l'essor d'une activité bien dirigée, à de magnifiques développements. Une luxuriante fécondité distingue la partie du fleuve comprise dans la circonscription de Buenos-Ayres. On y voit croître, spontanément, les pêchers et les orangers ; les bois mous, qui réclament des terrains humides, y réussissent à merveille, et les essais agricoles, tentés jusqu'à présent, ont eu pour résultat d'y naturaliser, sans effort, tout genre de fruits, de plantes légumineuses et de céréales.

Mais si le sol du pays est essentiellement fertilisable, l'absence d'une population proportionnée à son étendue n'a pas permis d'en utiliser toutes les ressources et d'en recueillir pleinement les avantages. Les bras ont manqué à l'agriculture comme aux besoins généraux de l'industrie. Cet intérêt est devenu, par suite, l'une des préoccupations du gouvernement, conduit à voir, pour le pays, dans la satisfaction de ce besoin, une condition fondamentale de sa prospérité future.

L'administration de Buenos-Ayres, en reconnaissant l'importance vitale du développement agricole, n'a pas cherché pourtant à concentrer exclusivement dans cette direction le travail et l'activité de l'immigration européenne.

Dans sa circulaire aux consuls, M. le Ministre des Affaires étrangères a remarqué que la situation faite aux immigrants, dans l'Etat, devait affecter un caractère particulier.

A son arrivée dans le pays, l'Européen se rend aisément compte de la facilité avec laquelle il lui sera donné, s'il veut s'y fixer, d'acquérir une propriété territoriale ; il sait qu'il pourrait s'établir dans les villages des campagnes, près des rivières navigables, et s'y adonner fructueusement à la culture et au labourage. Mais il conçoit, en même temps, qu'en se livrant tout d'abord à des travaux et à des industries manuels, il réalisera très promptement des économies, et qu'il pourra, grâce au taux élevé des salaires, passer de la condition d'ouvrier à celle de capitaliste.

L'application agricole, si fertile en avantages pour ceux qui s'y adonnent, n'est, par suite, un but immédiat que pour la catégorie des immigrants européens, pourvus d'un petit capital : pour les autres, c'est une question et une condition d'avenir. Aussi, le gouvernement a-t-il laissé pleine liberté aux étrangers de choisir la sphère où se concentrera leur activité, se bornant à édicter des lois générales relatives aux terres de l'Etat, afin d'en faciliter la remise ou l'acquisition aux immigrants désireux de les mettre en culture et d'y fonder des établissements.

Cent lieues carrées, à Bahia-Blanca et Patagones, sur un sol des plus fertiles, ont été mises à la disposition du gouvernement, pour être réparties entre les immigrants, disposés à se fixer, d'une manièrè durable, sur ce point, où existent déjà un centre de population et une colonie militaire. Dans la circonscription des nouveaux villages, les municipalités accordent, à certaines conditions, des terres en propriété.

Les intérêts nationaux et commerciaux qu'ont créés l'Europe et notamment la France dans l'Etat de Buenos-Ayres ne sont pas, au reste, d'origine récente. En 1851, un officier de la marine française, M. Tardy de Montravel, qui a dirigé avec éclat un voyage de circumnavigation, formé des établissements français dans la Nouvelle-Calédonie, après avoir pris possession de ces terres inexplorées, et qui, dans les questions de la Plata, par sa parfaite connaissance du pays, avait acquis une autorité si distinguée, écrivait dès cette époque (1) :

« La population française, basque ou béarnaise, n'est certainement pas au dessous de *quinze mille*.

« Partout, aux environs de Buenos-Ayres, et dans la ville même, on en rencontre, soit sous leur costume national, soit sous celui des gens de la campagne argentine ou *gauchos*. Comme ces derniers, le Basque devient, en quelques mois, habile et intrépide écuyer, dompteur de chevaux, ou *enlazador* et *matador* de bœufs ; il prend promptement les allures franches et indépendantes du gaucho, en manie le couteau avec la même facilité et la même habileté, soit dans une querelle, soit dans l'abattage ou le dépouillement d'un animal, et il se plie avec la même insouciance

(1) *La Plata au point de vue des intérêts commerciaux de la France*, par L. Tardy de Montravel, capitaine de frégate. Paris, 1851.

à toutes les privations de la vie des champs. Aussi, est-il l'immigrant le plus apprécié des propriétaires d'*Estancias*, établissements ruraux dans lesquels sont élevés les innombrables troupeaux qui font la richesse de la province de Buenos-Ayres.

« Les *estancieros* préfèrent même les Basques, en général, aux gauchos, qui ne sont propres qu'à remplir un seul emploi, l'un étant *domador*, un autre *enlazador*, et ni l'un ni l'autre ne voulant remplir un autre office que celui pour lequel il a contracté son engagement. Le Basque, au contraire, se croyant consciencieusement engagé à donner tout son temps à son patron, quelque soit le genre de service qui lui soit demandé, est bon à toutes choses, et ne recule devant aucune fonction. Le gaucho ne consentirait jamais à se mettre au travail avant le lever du soleil, ni à le continuer après son coucher, donnant pour raison que si le jour est fait pour le travail, la nuit est destinée au repos, et que le travail, fait en l'absence du soleil, est une cause certaine d'infirmités. De plus, dans le cours de la journée, le gaucho a besoin de prendre plusieurs fois son *mate* (infusion de l'herbe du Paraguay) ; il se repose en le prenant, et perd un temps incalculable à préparer, allumer et rallumer vingt fois sa cigarette. Le Basque, lui, est tout entier à son affaire ; il s'y donne corps et âme, et remplit scrupuleusement sa journée, suivant la lettre et l'esprit du contrat qu'il a fait avec son patron.

« Mais si ce dernier est religieux dans l'accomplissement de ses engagements, il exige rigoureusement aussi qu'on le soit envers lui : tout propriétaire qui tenterait d'outrepasser ses droits ou de ruser avec ses travailleurs basques serait incontinent abandonné par eux, et trouverait difficilement de nouveaux engagés dans cette grande famille, dont tous les membres s'appuient mutuellement, et se croient solidaires les uns des autres.

« Bien qu'ils se fassent facilement, ainsi que nous l'avons dit, aux travaux des estancias, nos Basques préfèrent généralement se vouer à l'industrie des *saladeros*, établissements spéciaux, destinés à l'exploitation des troupeaux élevés dans les estancias : c'est là que les animaux sont abattus par milliers, qu'ils sont dépecés, et que de leurs dépouilles sont préparés les produits d'exportation de Buenos-Ayres. Robustes, intelligents et adroits, nos Basques conviennent parfaitement à ces travaux divers, et y ont acquis une supériorité non contestée.

« Presque tous les saladeros de la province de Buenos-Ayres et les industries qui s'y rattachent, se trouvant placés sur les bords de la petite rivière Riachuelo, à trois kilomètres au-dessous de Buenos-Ayres, le peuple de travailleurs qu'emploient les uns et les autres s'est groupé autour d'eux. En quelques années, on a vu s'élever ainsi, sur les bords du Riachuelo, deux grands centres d'habitation : l'un, appelé la Boca, à l'embouchure de la rivière, et destiné exclusivement à la construction et à la réparation des bateaux et petits navires; l'autre appelé Barracas, à deux kilomètres en dessus, réservé aux saladeros et aux industries qui en dérivent. Ils comptent aujourd'hui une population de 20,000 âmes, dont près des deux tiers appartiennent à notre nationalité.

« C'est vraiment chose merveilleuse à voir que cette fourmillière d'ouvriers, employés, les uns dans les saladeros ou dans les *barracas* ou magasins de produits; les autres au chargement des mille navires et bateaux, amarrés dans la rivière, ou aux travaux de forge, de charpentage et de calfatage, nécessités par les réparations ou la construction de cette flotte, qui se meut incessamment, tantôt poussée par le vent ou le courant, tantôt remorquée par les chevaux. Réunis par groupes, ou par familles originaires de la même vallée ou du même village, les Basques et Béarnais y vivent à deux mille quatre cents lieues de leur pays natal, comme ils vivaient chez eux.

« Barracas est, en un mot, un bourg industriel basque, transporté comme par enchantement sur les rives de la Plata (1). »

La population de la Capitale, d'après de récentes statistiques, se compose de 120,000 habitants, parmi lesquels 5,297 Espagnols, 2,948 Anglais, 10,276 Italiens, et 11,760 immigrants de la Suisse, de l'Allemagne et des zones septentrionales de l'Europe (2).

Quant à la population française de Buenos-Ayres, un relevé inséré, en 1855, dans le *Moniteur Universel* la faisait monter à 12,234 âmes, femmes et enfants compris. En y ajoutant les individus disséminés dans la campagne ou dans les petites villes et bourgades, il en résulterait, dans le territoire de l'Etat, un chiffre approximatif de 20,000 Français.

Le mouvement, qui porte l'Européen vers ces contrées, a été

(1) Ce n'est qu'à Buenos-Ayres, dit le *Moniteur* du 17 septembre 1855, que la colonie française a formé de grands établissements de commerce ou d'industrie, parmi lesquels on compte : dix-sept maisons qui font les introductions et expéditions en gros; trois saladeros, où sont abattus des bœufs et des chevaux; huit *barracas*, où sont préparés les cuirs et les laines; deux établissements à vapeur, dont un pour moudre le blé, et l'autre dite de *graisserie ;* enfin, un grand nombre de boutiques et magasins, aussi bien tenus et montés que dans les principales villes d'Europe.

Les trois quarts de la colonie française se composent d'artisans, de manœuvres et de gens de service qui, du reste, trouvent facilement du travail et un fort salaire, depuis 5 jusqu'à 10 et 12 fr. par jour. On peut calculer que 1,500 ou 2,000 d'entre eux se déplacent par an pour se transporter tantôt dans un lieu, tantôt dans un autre. Les Basques et les Béarnais sont surtout employés, dans les abattoirs, aux travaux de l'agriculture et à la garde des troupeaux. Ce sont, en général, des hommes rangés et économes, qui, lorsqu'ils ont amassé 100 ou 120 onces d'or, soit 8 ou 10,000 fr., considèrent leur fortune comme faite et retournent en France.

En dehors de cette classe de Basques et de Béarnais, et de celle qui se livre en grand au commerce et à l'industrie, les petits boutiquiers et les artisans se marient habituellement dans le pays.

(2) *Annales du Commerce français*, publiées par le ministère du commerce et des travaux publics. (Livraison de février 1856.)

constamment ascensionnel. Les passagers européens, arrivés à Buenos-Ayres en 1853, ont été de 5,000 ; en 1854, de 6,000, et de 8,000 pendant les sept premiers mois de 1855 (1).

Des seuls ports de France, de Gênes et de Pasajes, il en est parti, en 1856 6,452 pour la même destination.

*Navires et passagers qui ont quitté, en* 1856, *la France et le Piémont, à destination de Buenos-Ayres.*

| LIEUX DE PARTANCE. | NAVIRES. | PASSAGERS. |
|---|---|---|
| Marseille. . . . . . . . . . | 11 | 60 |
| Cette . . . . . . . . . . . | 5 | 8 |
| Bayonne et Pasajes. . . . | 13 | 2,852 |
| Bordeaux . . . . . . . . . | 16 | 256 |
| Havre. . . . . . . . . . . | 23 | 1,153 |
| Savone. . . . . . . . . . . | 3 | 308 |
| Gênes . . . . . . . . . . . | 35 | 1,855 |
| Total . . . . . . . . . . . | 106 | 6,498 |

Un journal de Buenos-Ayres, *El Orden*, du 1er janvier 1857, s'appuyant de données officielles, élève, pour 1856, à 16,449 les passagers arrivés à Buenos-Ayres, et à 5,790 ceux qui s'y sont rendus en qualité d'immigrants, savoir :

1,430 Espagnols ;
1,484 Français ;
2,738 sujets Sardes ;
113 Anglais ;
16 Nord-Américains, et
9 Allemands.

(1) *Registro estadístico de Buenos-Ayres*, 1855.

Ce qui ne s'écarte point, dans la signification générale, des évaluations qui précèdent.

Les départs antérieurement mensuels du Havre pour Buenos-Ayres s'effectuent depuis le 20 janvier 1857, tous les quinze jours, et l'on peut considérer comme une éventualité prochaine des partances hebdomadaires, sous l'impulsion active, donnée dans ce port à l'immigration, par MM. Guérin, Benoîst et Rasch, et par la maison de Paris Chateauneuf jeune et Soubry.

En effet, l'Européen, outre les hauts salaires assurés dans la contrée à toute existence laborieuse; la certitude d'une vie à bon marché, que le bas prix des viandes rend hygiénique et substantielle; l'exemption du service militaire et l'exercice indépendant de son culte, jouit de garanties protectrices et d'avantages fort supérieurs à ceux auxquels il pourrait prétendre sur d'autres points du continent américain. On comprend, dès lors, l'accroissement extraordinaire qu'a pris, depuis ces dernières années, l'immigration tant basque que piémontaise, et tout indique que ce mouvement, s'étendant en Allemagne, ne tardera pas à entraîner de ces contrées vers Buenos-Ayres une population immigrante, douée d'une aptitude spéciale à la colonisation agricole.

Une loi, rendue le 2 septembre 1854, a constitué une Commission de patronage pour l'immigration, ayant pour but d'intervenir, à l'occasion, en faveur des nouveaux arrivants, afin d'assurer l'exécution régulière des contrats qu'ils ont pu passer avec des entrepreneurs (K).

Il s'est, d'ailleurs, formé spontanément une société particulière d'assistance, pour aider les immigrants nécessiteux pendant les huit premiers jours de leur arrivée.

Des navires, transportant plus de cinquante émigrants, sont exonérés des droits de port et autres à leur entrée dans la rade de Buenos-Ayres, et, depuis le 1er janvier 1857, tout émigrant reçoit gratuitement en Europe son passeport des consulats Buenos-Ayriens, indemnisés eux-mêmes de la suppression de ce droit consulaire par une prime de 5 francs que le gouvernement leur bonifie.

Remarquons encore que le sol de l'Etat de Buenos-Ayres, presque exclusivement composé de riches prairies naturelles, où se produit et se développe l'opulent bétail de ce pays, n'exige pas, comme le territoire des Etats-Unis, des défrichements préalables; que les immigrants, livrés à l'exploitation agricole, ne sont point astreints à élever des abris pour le bétail, lequel, hiver comme été, demeure entièrement libre; qu'enfin, dans ces terres vierges, intrinsèquement si fertiles, les engrais sont superflus pendant une production non interrompue de sept à huit années.

A New-York, l'immigration se heurte à des exigences qui l'absorbent ou nuisent à son succès; une foule de métiers lucratifs ne sont accessibles à l'immigrant qu'autant qu'il est devenu, grâce à la naturalisation, citoyen des Etats-Unis : à Buenos-Ayres, l'immigrant, sans abdiquer sa nationalité, répudier son origine, son passé, ni ses coutumes, peut, exempt de toutes restrictions légales, exercer, au même titre que les fils du pays, toute industrie et toute profession, posséder des terres et acquérir des propriétés.

---

# IV

## COUP D'ŒIL COMMERCIAL.

SITUATION ÉCONOMIQUE. — EXPORTATION. — IMPORTATION. — PRODUCTION INDIGÈNE. — PRINCIPAUX DÉBOUCHÉS. — STATISTIQUES. — MOUVEMENTS MARITIME DU COMMERCE INTERNATIONAL.

L'Etat qu'on accuse de viser, dans la Plata, au monopole commercial, applique, depuis 1852, dans sa plénitude la réforme hardie que sir Robert Peel inaugura en Angleterre, en ouvrant ses frontières économiques, sans distinction de pays ni condition de réciprocité, à tous les produits manufacturés de l'étranger.

On a senti, à Buenos-Ayres, ce que les institutions dans leur principe et le développement matériel de la contrée devaient gagner à cette radicale transformation. L'intérêt commercial, devenu prépondérant, absorbe aujourd'hui, dans les rapports internationaux, l'intérêt politique.

Pour s'être agrandie, cette situation n'est pas nouvelle. M. Chaubet, dont nous citons d'autant plus volontiers les assertions, qu'étant d'origine française, elles éloignent toute présomption de partialité, a donné, dans la *Revue contemporaine* (1), des détails intéressants sur la situation économique du pays.

### EXPORTATION.

« Les événements, survenus en 1852, et spécialement du 1er décembre de cette année à juillet 1853, ont, dit-il, fait négliger l'enregistrement officiel des valeurs que le commerce de Buenos-Ayres a pu retirer encore de l'exportation pendant cette malheureuse période. Il est seulement constaté qu'une grande quantité de marchandises ont alors été exportées par l'Ensenada, San-Fernando, le Salado, et autres points du littoral occupés par les insurgés; ce qui n'a pas empêché le commerce de Buenos-Ayres d'effectuer, en 1852, le chargement de 489 navires (102,595 tonneaux), et, en 1853, celui de 344 navires (76,490 tonneaux). Le registre statistique de 1854 signale une sortie de 755 navires, avec un chargement total de 167,107 tonneaux. Enfin, pour le premier semestre de 1855, le nombre de bâtiments d'outre-mer, sortis du port de Buenos-Ayres, est de 369, chargés de 88,583 tonneaux. On peut donc conclure, sans crainte d'erreur, que l'exportation de cette année a occupé un effectif de plus de 700 navires d'outre-mer, auxquels il faut joindre plus de mille bâtiments de cabotage, desservant le commerce de la côte, et celui des rios Paraná et Uruguay.

« Les principaux débouchés de la Plata peuvent se classer dans l'ordre suivant : le Brésil, 80 navires environ par semestre; l'Angleterre, 40; la France, 25; la Havane, 31; l'Espagne, 12; les États-Unis, la Belgique et l'Italie, 15 par contrée; République Orientale, 26; Provinces Argentines, 12. Enfin, soit sous le pavillon national, soit sous celui de diverses nations, les produits

(1) Livraison du 31 décembre.

de Buenos-Ayres sont exportés dans la Baltique, à l'île Maurice, dans le golfe de Bengale, et passent le Cap-Horn pour se répandre dans les ports du Chili et sur les extrêmes rivages du Pacifique.

« Parmi les produits, ceux qui figurent en première ligne sont les cuirs de bœuf secs et salés : les premiers forment annuellement un total de 1 million 600,000 peaux (1); les autres de 700,000, ou soit 2 millions 300,000 peaux ; les cuirs de cheval secs ou salés, les premiers dans une proportion de 30,000 peaux, les autres de 12,000, ou soit 32,000 peaux ; la laine : celle de qualité ordinaire, fournit 20,000 balles; celle de qualité fine, 300 *bolsas* ou sacs; les crins : 3,000 balles et 2,000 bolsas. Le suif et la graisse 18,000 pipes et 20,000 caisses, etc. (2).

« En 1823, la laine n'entrait pas encore dans le commerce du Rio-de-la-Plata. Depuis, MM. Sheridan et Harratt introduisirent dans la province de Buenos-Ayres les moutons mérinos et saxons, dont la race, mêlée à celle des moutons indigènes, s'est prodigieusement propagée.

« L'industrie américaine s'est enrichie d'un autre produit : les monceaux d'ossements d'animaux, abattus pour la consommation alimentaire, ou dans les saladeros, servaient, avant 1849, au chauffage des fours à briques. On s'est avisé de les faire bouillir, ou plutôt dissoudre à la vapeur ; ce qui permet d'en obtenir une abondante quantité de suif et de graisse, qu'on expédie en Europe et sur les bords du Pacifique. Cet article est

(1) Ces chiffres, comme on le verra plus loin, ne sont plus aujourd'hui d'une exactitude sévère, l'exportation des cuirs ayant sensiblement diminué, tandis que, par contre, la production de la laine s'est considérablement accrue et sa qualité perfectionnée.

(2) Nous ajouterons à cette récapitulation les *Tasajo*, ou viandes salées et séchées au soleil, dont l'exportation, en 1856, n'a pas été moindre de 293,462 quintaux.

aujourd'hui l'objet de nombreuses demandes : la livraison qui en a été faite de 1851 à 1854 s'élève à 7,077 tonneaux.

### IMPORTATION.

« L'année 1825, époque de paix et de prospérité commerciale dans le Rio-de-la-Plata, nous servira de point de comparaison pour mieux apprécier l'état présent de l'importation sur les marchés de Buenos-Ayres. Les marchandises étrangères transportées dans cette ville, pendant l'année que nous venons de citer, peuvent être évaluées aux sommes suivantes, déduction faite de toute espèce de droits :

| | Pesos Fuertes. | Francs. |
|---|---|---|
| Angleterre | 4,000,000 | 21,600,000 |
| France | 550,000 | 2,970,000 |
| Nord de l'Europe | 425,000 | 2,295,000 |
| Gibraltar, Espagne et Méditerranée. | 575,000 | 3,105,000 |
| États-Unis | 900,000 | 8,460,000 |
| Brésil | 950,000 | 5,130,000 |
| Havane et autres pays | 425,000 | 2,295,000 |
| | 7,825,000 | 42,255,000 |

« L'importation actuelle est assez exactement représentée par les chiffres suivants :

| | Pesos Fuertes. | Francs. |
|---|---|---|
| Angleterre | 4,500,000 | 24,300,000 |
| France | 2,500,000 | 13,500,000 |
| Nord de l'Europe | 750,000 | 4,590,000 |
| Gibraltar, Espagne et Méditerranée. | 600,000 | 3,240,000 |
| États-Unis | 1,000,000 | 5,400,000 |
| Brésil et autres pays | 1,100,000 | 5,940,000 |
| (1) | 10,550,000 | 56,970,000 |

(1) Une circonstance particulière s'oppose à ce que ce chiffre soit l'expression

« Ce dernier tableau indique une augmentation de 35 p. 0/0 en faveur de l'importation actuelle. On peut voir aussi par ces chiffres quelle immense prépondérance a conquise le commerce anglais sur les rives du Rio-de-la-Plata. Il la doit incontestablement à la modicité des prix auxquels il peut livrer la plupart de ses articles, surtout ceux qui sont le plus appropriés aux usages des classes populaires.

« Le gaucho s'est tellement habitué aux produits de fabrication anglaise qu'il lui est désormais impossible de s'en passer, et que, sauf ses bottes de cuir de poulain (*botas de potro*), il lui emprunte tous les effets de sa rustique parure, comme tous les ustensiles de son ménage. Si sa femme possède une robe pour s'endimancher, il y a dix probabilités contre une que cette robe provient des manufactures de Manchester. La marmite où il fait cuire son bœuf, l'écuelle de faïence commune dans laquelle il le mange, son couteau, ses éperons, le mors de son cheval, le caban dont il se couvre, sortent des ateliers britanniques. Le Rio-de-la-Plata reçoit de la même provenance des tissus de coton, des produits en laine, en fil et en soie, des articles de ferronnerie et de coutellerie, de la faïence fine et ordinaire, des verres, du charbon, des fers travaillés ou en barre, du ferblanc laminé, du zinc pour recouvrir les toits de barraques, des pierres taillées, et une grande quantité de bière.

« Après l'importation anglaise, celle de France est la plus considérable. Elle représente aujourd'hui une valeur quadruple de celle qu'elle offrait en 1825. D'après les documents les plus récents, cette position, déjà si florissante depuis trente ans, s'est

exacte et complète des importations européennes dans l'ancienne Confédération argentine, les treize Provinces Confédérées recevant aujourd'hui du Chili ou de Montevideo la majeure partie des marchandises qui, autrefois, leur venaient directement de Buenos-Ayres.

encore améliorée. L'émigration française forme, à cette heure, une population aristocratique et commerçante, qui occupe à elle seule une grande partie des faubourgs de Buenos-Ayres. Cette population, qui a conservé ses mœurs et son premier genre de vie, adresse chaque jour au commerce des demandes de produits nationaux. Les vins rouges d'Espagne abondent aujourd'hui à Buenos-Ayres, où ils se vendent, prix moyen, 60 centimes la bouteille, et l'élévation des salaires les rend abordables aux classes ouvrières ; néanmoins, les émigrants d'origine française préfèrent les vins de la Guienne, du Languedoc et de la Provence que Bordeaux, Cette et Marseille leur expédient. La consommation de ce produit, encore de peu d'importance en 1847, s'élève maintenant à plus de 1,000 barriques par mois. D'un autre côté, le Havre, celui de nos ports qui trafique le plus avec l'Amérique du Sud, fait arriver sur les rives de la Plata les belles soieries de Lyon, les draps fins et les cachemires de Louviers, de Sédan et d'Elbœuf, les toiles de Cambrai et les divers produits de mode des fabriques de Paris, tous articles qui trouvent un prompt débit parmi les classes aisées. La seule concurrence que nos marchandises de luxe rencontrent sur le marché de Buenos-Ayres est celle des soieries de Zurich, des rubans de Bâle et des mousselines de Saint-Gall.

« Anvers, qui est le canal du commerce des Pays-Bas et de toute l'Allemagne avec les deux Amériques, expédie à Buenos-Ayres des produits en fil, en laine et en coton. Des articles de ferronnerie, de quincaillerie, des verres, des fusils et des sabres de Suisse, des bas de coton, des dentelles et des voiles de Flandre, etc.

« Pour le prix, comme pour la fabrication, tous les produits peuvent rivaliser avec leurs similaires anglais. La Hollande fait de nombreux envois de fromages, de beurre, de genièvre en pipes et en caisses, tandis que la Westphalie fournit une énorme quantité de jambons. Les exportations de la Baltique consistent en fers, agrès et voiles de navires, bois de construction, goudron et résine. Le commerce des villes anséatiques avec la Plata, spécialement celui de Hambourg et de Brême, est aujourd'hui en pleine activité, et dépasse un million de piastres (5,400,000 fr.). Parmi les objets manufacturés, expédiés par ces deux villes, on remarque un nombre assez considérable de meubles et de pianos, de bijoux fins ou imités, des porcelaines, et toutes sortes d'articles de mercerie.

« Outre les vins rouges de Catalogne, qui sont la boisson la plus ordinaire de la population buenos-ayrienne, l'Espagne lui envoie encore des huiles en petites jarres ou en barils, des olives et des fruits secs; les serges noires de Malaga, les foulards et les rubans de Grenade, enfin le sel de Cadix, dont les saladeros font une énorme consommation.

« Par la voie des navires sardes, Buenos-Ayres reçoit de la Sicile des vins excellents, et de Gênes des vermicelles, des macaronis et des fruits secs. Quant à l'importation des Etats-Unis, bien qu'elle ne soit pas proportionnée à la quantité de matières et de produits bruts qu'ils retirent du Rio-de-la-Plata, elle ne laisse pas d'égaler presque celle de l'Angleterre et de la France : les produits les plus ordinaires qu'elle fournit aux marchés de l'Amérique du Sud sont les toiles et les coutils, des meubles et des bois de toute espèce, du savon, des chandelles, des comestibles, des conserves sèches, des salaisons, des tabacs, du riz, du sucre raffiné, de l'amidon, tous les articles de droguerie, un assortiment complet de denrées, et jusqu'à des habits confectionnés en caoutchouc (1).

(1) Le Registre statistique de l'État de Buenos-Ayres, pour le premier semestre de 1855, établit que la valeur totale des importations des États-Unis dans cet État s'est élevé à 509,709 piastres fortes, soit, environ, 2,727,000 fr., et l'exportation de Buenos-Ayres aux États-Unis, durant la même période, à 792,000 piastres fortes ou environ à 4,237,000 fr.

« Il y a quelques années, les Etats-Unis étaient encore en possession d'exporter à Buenos-Ayres une provision annuelle de 50,000 barriques de farine, tant l'élève du bétail était préjudiciable au développement de l'agriculture sur le territoire de la province. Depuis, grâce aux mesures énergiques adoptées par son gouvernement, elle s'est affranchie d'une obligation onéreuse. La culture des céréales a pris, dans le pays, une extension inaccoutumée, et donne de belles récoltes, surtout vers le sud, où les gelées sont assez fortes et où la neige se montre quelquefois.

« Cette contrée, susceptible de devenir le grenier d'une partie du globe, n'a eu besoin que d'un médiocre progrès agricole pour suffire à son alimentation et à celle des étrangers qui viennent chaque jour s'y établir. Elle obtient même un surplus de récolte, qui s'écoule dans le Brésil avec une grande quantité de viande salée, nourriture ordinaire des nègres esclaves. En échange, les navires brésiliens apportent au marché de Buenos-Ayres des sucres, du café, du riz, du tabac, du cacao. Un jour, sans doute, la colonisation du Chaco argentin, de Corrientes et de Santa-Fé enlèvera au Brésil cette branche lucrative de son commerce.

« Buenos-Ayres, les Provinces Argentines et Montevideo font avec le Brésil un autre genre de commerce, presque aussi actif que celui de la viande salée. Il a pour objet la fameuse *yerba maté*.

« Cet arbuste, qu'on pourrait appeler le *thé américain*, est une sorte de houx que l'on coupe tous les trois ans, et dont les branches, l'écorce et les feuilles, concassées et pilées ensemble, après avoir été brûlées, produisent une espèce de thé d'une odeur très aromatique, et que les sud-Américains préfèrent de beaucoup au thé de la Chine. La manière de préparer le maté comme breuvage est d'une extrême simplicité: on le fait infuser dans une petite calebasse durcie à la fumée; dès qu'il est prêt, on le hume, sans sucre ou avec du sucre, au moyen d'un petit siphon de métal. Le maté se prend à toutes les heures de la journée, à la ville comme aux champs : son usage dans les estancias ne peut se comparer qu'à celui du tabac ; les gauchos, aussi bien que les plus opulents propriétaires, se procurent la jouissance de cette boisson parfumée ; seulement, dans les maisons riches, le petit siphon est en argent avec des ornements d'or, et présente les formes les plus capricieuses.

« Le meilleur maté est celui que l'on recueille en abondance dans le Paraguay. Ce pays était autrefois le seul qui pût en approvisionner le Rio-de-la-Plata; mais le dictateur Francia et son successeur, le général Lopez, s'étant arrogé le monopole de ce commerce en ont soumis l'exercice à une foule de formalités aussi gênantes que mal entendues. Le Brésil a profité de cette circonstance pour naturaliser ce végétal dans son territoire. L'essai a pleinement réussi. Aujourd'hui la yerba, exportée par milliers de ballots dans toutes les provinces de la Plata, fait entrer des sommes immenses dans le trésor de Rio-Janeiro. Bonpland croit que si la véritable yerba maté était connue en Europe, elle y remplacerait avantageusement le thé. Malheureusement les Espagnols et les Brésiliens la fabriquent très imparfaitement. Celle que l'on prépare actuellement, même au Paraguay, est bien inférieure aux anciennes yerbas. »

Ces données jettent une vive lumière sur la production indigène, les exportations et les importations de Buenos-Ayres; nous y joignons le relevé général officiel, en 1855, du commerce de la France avec les Républiques hispano-américaines, afin qu'on puisse apprécier comparativement la part qu'y a prise chacune d'elle.

| IMPORTATIONS EN FRANCE. | | EXPORTATIONS DE FRANCE. | ENSEMBLE. |
|---|---|---|---|
| COMMERCE GÉNÉRAL. | Valeurs actuelles. | Valeurs actuelles. | |
| La Plata : Buenos-Ayres. | 15,865,829 | 19,583,984 (1) | 35,449,813 |
| Mexique . . . . . . . . . | 4,281,246 | 23,336,587 | 27,617,833 |
| Guatemala . . . . . . . . | 750,363 | 2,307,582 | 3,057,945 |
| Nouvelle-Grenade. . . . . | 405,557 | 6,901,388 | 7,306,945 |
| Venezuela . . . . . . . . | 6,480,444 | 7,356,831 | 13,837,275 |
| Uruguay (Montevideo). . | 5,438,896 | 10,930,444 (2) | 16,369,340 |
| Equateur. . . . . . . . . | 392,158 | 822,506 | 1,214,664 |
| Pérou et Bolivie . . . . . | 7,368,639 (3) | 32,663,241 (4) | 40,031,880 |
| Chili . . . . . . . . . . . | 6,213,104 | 29,387,812 (5) | 35,600,916 |

(1) Ce chiffre a été obtenu, malgré la diminution de 2,240,000 fr., causée à l'exportation des vins de Bordeaux par l'insuffisance des dernières récoltes.

(2) Bien que les navires soient nominalement désignés pour Montevideo, la destination effective d'une grande partie de leur chargement est pour Buenos-Ayres ou pour les Provinces Confédérées.

Le port seul de Bordeaux compte actuellement, avec trois navires annoncés pour la double destination de Montevideo et de Buenos-Ayres, quatre bâtiments en partance directe pour ce dernier port.

(3) Le guano, dans cette évaluation, figure pour quatre millions et demi.

(4) Ce chiffre de 32,663,241 a dépassé de plusieurs millions le terme moyen des exportations communes de la France dans ces pays. Aussi ne s'étonnera-t-on pas que la quotité des articles de France ait excédé, eu 1855, d'une manière sensible les besoins de la consommation indigène.

(5) Le traité passé entre le gouvernement des Provinces Confédérées et la république du Chili a sensiblement accru les importations actuelles de ce dernier État, puisqu'il se trouve fournir, en transit, aux provinces argentines de Mendoza, San Juan, Salta, etc., un grand nombre d'articles européens qui, comme nous l'avons fait observer ailleurs, leur étaient antérieurement acheminés de Buenos-Ayres.

C'est aux sources officielles de la statistique française, à la dernière livraison des *Annales du commerce extérieur*, et aux récapitulations les plus récentes de l'Administration des douanes que nous empruntons maintenant les relevés qui vont suivre :

## BUENOS-AYRES. — IMPORTATIONS EN FRANCE.

| RANG D'IMPORTANCE. | COMMERCE GÉNÉRAL. MARCHANDISES ÉTRANGÈRES ARRIVÉES PENDANT L'ANNÉE 1855. | | | | | | COMMERCE SPÉCIAL. MARCHANDISES ÉTRANGÈRES MISES EN CONSOMMATION PENDANT L'ANNÉE 1855. | | | | | |
|---|---|---|---|---|---|---|---|---|---|---|---|---|
| | DÉSIGNATION DES MARCHANDISES. | UNITÉS. | QUANTITÉS. | VALEURS OFFICIELLES. Sommes. | VALEURS OFFICIELLES. Proportions p. 100. | VALEURS actuelles. | QUANTITÉS. | VALEURS OFFICIELLES. Sommes. | VALEURS OFFICIELLES. Proportions p. 100. | VALEURS actuelles. | DROITS PERÇUS. Sommes. | DROITS PERÇUS. Proportions p. 100. |
| | | | | francs. | | francs. | | francs. | | francs. | francs. | |
| 1 | Laines en masse................ | Q[1] mét. | 35,550 | 6,619,027 | 43.8 | 6,619,027 | 21,623 | 2,449,066 | 26.3 | 2,449,066 | 576,238 | 62.8 |
| 2 | Peaux brutes, fraiches et sèches.. | Franc. | — | 6,124,674 | 40.5 | 7,538,253 | — | 4,577,933 | 49.2 | 5,949,822 | 275,698 | 30.0 |
| 3 | Plumes de parure.............. | Kilog.. | 41,890 | 731,220 | 4.8 | 301,723 | 39,328 | 670,236 | 7.2 | 244,979 | 43,732 | 4.8 |
| 4 | Peaux de castorin brutes et mégies. | Pièce.. | 21,386 | 641,580 | 4.3 | 16,010 | 21,207 | 638,010 | 6.9 | 15,950 | 763 | 0.1 |
| 5 | Crins bruts.................... | Q[1] mét. | 2,975 | 401,602 | 2.7 | 743,608 | 2,572 | 347,181 | 3.7 | 642,927 | 3,038 | 0.3 |
| 6 | Graisses de cheval, etc........... | Kilog.. | 206,170 | 278,329 | 1.8 | 288,638 | 217,775 | 293,996 | 3.2 | 304,885 | 12,146 | 1.3 |
| 7 | Oreillons...................... | Q[1] mét. | 2,213 | 99,580 | 0.7 | 66,387 | 1,980 | 89,117 | 1.0 | 59,410 | 2,546 | 0.3 |
| 8 | Sabots et cornes de bétail bruts... | *Idem*.. | 1,950 | 96,032 | 0.6 | 84,672 | 1,002 | 74,136 | 0.8 | 67,048 | 188 | 0.0 |
| 9 | Viandes salées................. | Kilog.. | 121,000 | 84,700 | 0.6 | 137,918 | 161,218 | 112,852 | 1.2 | 192,733 | 903 | 0.1 |
| 10 | Graisses de bœuf et de mouton... | *Idem*.. | 9,675 | 5,321 | 0.0 | 13,061 | 21,562 | 11,859 | 0.1 | 29,109 | 1,186 | 0.1 |
| | Autres articles.................. | ...... | ....... | 25,463 | 0.2 | 36,502 | ....... | 33,468 | 0.4 | 43,203 | 1,830 | 0.2 |
| | TOTAUX....... | ...... | ....... | 15,107,528 | 100.0 | 15,865,829 | ....... | 9,297,854 | 100.0 | 9,990,132 | 918,268 | 100.0 |

# BUENOS-AYRES. — EXPORTATIONS DE FRANCE.

| RANG D'IMPORTANCE. | COMMERCE GÉNÉRAL. MARCHANDISES FRANÇAISES ET ÉTRANGÈRES EXPORTÉES pendant l'année 1855. | | | | | | COMMERCE SPÉCIAL. MARCHANDISES FRANÇAISES EXPORTÉES pendant l'année 1855. | | | | | |
|---|---|---|---|---|---|---|---|---|---|---|---|---|
| | DÉSIGNATION DES MARCHANDISES. | UNITÉS. | QUANTITÉS. | VALEURS OFFICIELLES. Sommes | VALEURS OFFICIELLES. Proportions pour 100. | VALEURS actuelles. | QUANTITÉS. | VALEURS OFFICIELLES. Sommes | VALEURS OFFICIELLES. Proportions pour 100. | VALEURS actuelles | DROITS PERÇUS. Sommes. | DROITS PERÇUS. Proportions pour 100. |
| | | | | francs. | | francs. | | francs. | | francs. | francs. | |
| 1 | Tissus de soie | Kilog... | 34,606 | 3,670,438 | 21. 5 | 4,011,240 | 13,972 | 1,612,756 | 13. 8 | 1,729,126 | 45 | 0. 6 |
| 2 | Tissus de laine | Idem... | 131,439 | 3,291,070 | 19. 3 | 3,342,190 | 77,207 | 2,034,866 | 17. 4 | 2,025,867 | 28 | 0. 4 |
| 3 | Tissus de coton | Idem... | 116,977 | 2,210,985 | 12. 9 | 1,696,742 | 71,472 | 1,154,557 | 9. 9 | 431,823 | 30 | 0. 4 |
| 4 | Mercerie et boutons | Idem... | 90,113 | 709,966 | 4. 2 | 1,143,074 | 82,778 | 647,230 | 5. 5 | 1,030,110 | 241 | 3. 3 |
| 5 | Papier, carton, livres et gravures | Idem... | 180,062 | 598,249 | 3. 5 | 575,122 | 176,462 | 583,629 | 5. 0 | 558,197 | 526 | 7. 1 |
| 6 | Effets à usage | Idem... | 27,194 | 544,480 | 3. 2 | 698,377 | 24,952 | 499,640 | 4. 3 | 656,299 | 73 | 1. 0 |
| 7 | Vins | Hectol... | 14,069 | 525,406 | 3. 1 | 1,057,373 | 14,059 | 524,261 | 4. 5 | 1,053,107 | 199 | 2. 7 |
| 8 | Peaux ouvrées | Kilog... | 27,824 | 517,072 | 3. 0 | 494,798 | 27,083 | 513,688 | 4. 4 | 492,260 | 79 | 1. 1 |
| 9 | Outils et ouvrages en métaux | Ql métr. | 2,356 | 472,698 | 2. 8 | 1,130,737 | 2,231 | 444,500 | 3. 8 | 1,106,078 | 628 | 8. 5 |
| 10 | Orfèvrerie et bijouterie | Hectog.. | 1,673 | 390,174 | 2. 3 | 390,174 | 1,183 | 229,478 | 2. 0 | 229,478 | — | — |
| 11 | Parfumerie | Kilog | 51,615 | 361,305 | 2. 1 | 309,090 | 49,598 | 347,186 | 3. 0 | 297,588 | 143 | 1. 9 |
| 12 | Peaux préparées | Idem... | 68,425 | 355,957 | 2. 1 | 780,918 | 52,411 | 254,821 | 2. 2 | 553,325 | 150 | 2. 0 |
| 13 | Poterie, verres et cristaux | Idem... | 262,496 | 337,817 | 2. 0 | 227,043 | 259,416 | 322,072 | 2. 7 | 217,884 | 482 | 0. 6 |
| 14 | Poissons marinés ou à l'huile | Idem... | 123,918 | 309,705 | 1. 8 | 371,754 | 123,918 | 309,705 | 2. 6 | 371,754 | — | — |
| 15 | Chapeaux de feutre | Franc.. | — | 218,147 | 1. 3 | 218,147 | — | 218,147 | 1. 9 | 218,147 | 632 | 8. 6 |
| 16 | Tabletterie et bimbeloterie | Kilog... | 16,034 | 153,471 | 0. 9 | 273,998 | 13,147 | 141,808 | 1. 2 | 250,188 | 40 | 0. 5 |
| 17 | Meubles | Franc... | — | 129,541 | 0. 8 | 129,541 | — | 127,961 | 1. 1 | 127,961 | 372 | 5. 1 |
| 18 | Modes et fleurs artificielles | Idem... | — | 126,059 | 0. 7 | 126,059 | — | 123,433 | 1. 1 | 123,433 | 358 | 4. 9 |
| 19 | Tissus de lin ou de chanvre | Kilog... | 7,041 | 111,525 | 0. 7 | 51,342 | 3,172 | 84,495 | 0. 7 | 38,758 | 19 | 0. 3 |
| 20 | Eaux-de-vie et liqueurs | Hectol. | 770 | 108,631 | 0. 6 | 155,013 | 534 | 78,408 | 0. 7 | 107,748 | 197 | 2. 7 |
| 21 | Voitures suspendues, garnies ou peintes. | Franc... | — | 101,918 | 0. 6 | 101,918 | — | 98,918 | 0. 8 | 98,918 | 289 | 3. 9 |
| 22 | Tabac fabriqué ou seulement preparé | Kilog... | 15,837 | 101,357 | 0. 6 | 90,271 | 2,857 | 18,285 | 0. 2 | 16,285 | 8 | 0. 1 |
| 23 | Médicaments composés | Idem... | 10,332 | 91,220 | 0. 5 | 81,551 | 10,180 | 90,400 | 0. 8 | 76,398 | 31 | 0. 4 |
| 24 | Poils de lièvre et de lapin | Idem... | 2,251 | 90,040 | 0. 5 | 29,263 | 2,251 | 90,040 | 0. 8 | 29,263 | 7 | 0. 1 |
| 25 | Tuiles, briques et carreaux de terre | Le cent. | 13,900 | 69,525 | 0. 4 | 51,449 | 13,900 | 69,525 | 0. 6 | 51,449 | 396 | 5. 4 |
| 26 | Encre liquide à écrire ou à imprimer | Kilog... | 9,878 | 49,390 | 0. 3 | 39,512 | 9,878 | 49,390 | 0. 4 | 39,512 | 29 | 0. 4 |
| 27 | Armes | Idem... | 3,878 | 48,258 | 0. 3 | 66,110 | 541 | 3,290 | 0. 1 | 10,490 | — | — |
| 28 | Sel de marais ou de saline | Ql métr. | 13,396 | 40,188 | 0. 2 | 23,443 | 13,105 | 39,315 | 0. 4 | 22,934 | 10 | 0. 1 |
| 29 | Parapluies et parasols | Franc... | — | 40,618 | 0. 2 | 40,018 | — | 40,618 | 0. 3 | 40,018 | 114 | 1. 6 |
| 30 | Articles de l'industrie parisienne | Kilog... | 5,763 | 37,193 | 0. 2 | 37,193 | 5,763 | 37,193 | 0. 3 | 37,193 | 136 | 1. 8 |
| | Autres articles | ........ | ........ | 1,268,040 | 7. 4 | 1,027,958 | ........ | 879,754 | 7. 5 | 1,209,040 | 2,095 | 28. 5 |
| | TOTAUX | ........ | ........ | 17,070,312 | 100. 0 | 19,583,084 | ........ | 11,670,756 | 100. 0 | 13,860,671 | 7,357 | 100. 0 |

Les *Annales du commerce extérieur* constatent, en résumant ces données, que la France a par suite importé, en 1855, pour une valeur de 5 millions et demi de plus, mais exporté 4 millions de moins qu'en 1854 ; les envois de vins de France, rendus difficiles par l'élévation des prix résultant de mauvaises récoltes, ayant diminué de moitié (1).

Continuons à laisser parler les publications officielles :

COMMERCE. « La valeur générale des marchandises exportées en 1855 de Buenos-Ayres a considérablement dépassé celle de 1854 : elle a atteint. . . . . . . . . . . . 76,304,929 fr.

Elle avait atteint en 1854 . . . . . . . 51,287,075

Il y a donc eu, en 1855, un accroissement de 25,017,854 fr.

Les principaux articles de l'exportation sont :

| | Quantités. | Valeurs. fr. | c. |
|---|---|---|---|
| | pièces. | | |
| » Cuirs.. de bœuf et vache, secs et salés | 1,198,573 | 37,327,244 | 80 |
| » Cuirs.. de cheval id. | 148,740 | 962,193 | » |
| | douzaines. | | |
| » Peaux de chèvre et de mouton . . . . . | 161,251 | 2,308,417 | 50 |
| | qx espag. (2) | | |
| » Crins . . . . . . . . . . . . . . . . . . | 38,842 | 2,653,856 | » |
| » Laine. . . . . . . . . . . . . . . . . . | 225,773 | 11,514.423 | » |
| » Graisse et Huile. . . . . . . . . . . . | 51,216 | 1,536,330 | » |
| » Suif . . . . . . . . . . . . . . . . . . | 122,764 | 7,614,368 | » |
| » Viande salée. . . . . . . . . . . . . . | 258,860 | 6,989,220 | » |
| » Tabac. . . . . . . . . . . . . . . . . . | 28,189 | 2,114,174 | » |
| | livres. | | |
| » Plumes d'autruche . . . . . . . . . . . | 129,599 | 207,358 | 40 |

(1) La ville de Bordeaux, limitée dans ses envois par l'insuffisance accidentelle de sa production, n'a exporté, en 1856, que 5,553 barriques de vins, et 28,214 caisses de vins, eaux-de-vie et liqueurs diverses.

Cette pénurie a dû être vivement sentie par la population de Buenos-Ayres; car si, avant 1810, quatre ou cinq chargements suffisaient aux besoins du Rio-de-la-Plata, neuf ans plus tard, plus de quarante chargements devaient y trouver un placement facile, et, en 1832, 1,000 barriques par mois n'alimentaient qu'imparfaitement la consommation générale.

(2) Le quintal = 46 kilogrammes.

PRIX DES PRINCIPAUX ARTICLES.

| | | | 1854. | | 1855. (1) | |
|---|---|---|---|---|---|---|
| | | | — | | — | |
| | | | fr. | c. | fr. | c. |
| « Cuirs | de bœuf et de vache. . . . | la pièce. | 26 | » | 32 | 60 |
| | salés de bœuf et de vache. . | — | 20 | » | 27 | 60 |
| | secs de cheval . . . . . . . . | — | 4 | 75 | 5 | » |
| | salés de cheval. . . . . . . . | — | 4 | » | 6 | 80 |
| « Peaux | de chèvre. . . . . . . . . . . | la douzaine. | 15 | » | 18 | » |
| | de mouton . . . . . . . . . | — | 15 | » | 12 | 10 |
| « Crin. . . . . . . . . . . . . . . . . . . | | le quintal. | 52 | » | 108 | » |
| « Suif. . . . . . . . . . . . . . . . . . . | | — | 46 | » | 62 | » |
| « Graisse . . . . . . . . . . . . . . . . | | — | 23 | » | 52 | » |

« On voit par cette comparaison que, sauf pour les peaux de moutons, les prix ont éprouvé, en même temps que les quantités, une forte augmentation.

« La valeur générale des exportations se répartit, par pays de destination, ainsi qu'il suit :

| | | fr. |
|---|---|---|
| « Angleterre. . . . . . . . . . . . . . . . . . | | 16,197,266 |
| « Etats-Unis. . . . . . . . . . . . . . . . . . | | 16,224,220 |
| « France. . . . . . . . . . . . . . . . . . . . | | 10.909 310 |
| « Belgique. . . . . . . . . . . . . . . . . . | | 9,053,583 |
| « Espagne. . . . . . . . . . . | 6,790,635 fr. | 10,942,756 |
| « Havane. . . . . . . . . . . | 4,141,923 | |
| « Italie. . . . . . . . . . . . . . . . . . . . | | 4,935,758 |
| « Brésil . . . . . . . . . . . . . . . . . . . | | 4,625,300 |
| « Chili. . . . . . . . . . . . . . . . . . . . | | 1,467,623 |
| « Hambourg. . . . . . . . . . . . . . . . . | | 1,118,534 |
| « Hollande. . . . . . . . . . . . . . . . . . | | 576,194 |
| « Autres pays. . . . . . . . . . . . . . . . | | 204,565 |
| Total. . . . . . . . . | | 76,364,929 |

« Sur la somme de 10,909,310 francs à laquelle s'élèvent les exportations pour France en 1855, soit sous son pavillon, soit sous pavillon d'autres puissances, 8,897,604 francs appartiennent au pavillon français, ce qui constitue, pour les expéditions directes, une différence en plus de 3,541,252 fr. sur

(1) A partir de cette dernière date, la valeur de ces produits s'est considérablement accrue.

l'année 1854. Les principaux articles figurant dans cette augmentation sont :

| | | | pièces. |
|---|---|---|---|
| « Cuirs | secs de bœuf et vache . . . . . | pour | 47,025 |
| | salés de cheval. . . . . . . . . . | — | 9,561 |
| « Peaux | de mouton. . . . . . . . . . . . | — | 61,131 |
| | de chèvre . . . . . . . . . . . . | — | 17,392 |
| | | | quintaux. |
| « Laines . . . . . . . . . . . . . . . . . . . . . | | | 26,341 |

« En résumé, une forte progression s'est fait sentir dans le mouvement commercial de Buenos-Ayres pendant l'année 1855, et tout tend à en promettre la continuité si la paix parvient à se maintenir dans les Etats argentins. Les laines, grâce aux soins particuliers que de nombreux agronomes donnent maintenant aux troupeaux de moutons, semblent surtout devoir former un jour une branche considérable des exportations de Buenos-Ayres. »

Cette prévision de l'Administration française est entièrement justifiée par le fructueux développement qu'acquiert chaque jour cette industrie nationale.

L'ancien Chargé d'affaires de S. M. B. à Buenos-Ayres, sir Woodbine Parish, dans un beau livre sur cette ville et sur les provinces du Rio-de-la-Plata, en avait, dès 1852, signalé toute l'importance.

« L'augmentation extraordinaire qu'a éprouvée la production des laines, y disait-il, mérite une mention spéciale. A mon arrivée dans l'État de Buenos-Ayres, en 1823, la valeur des laines du pays ne compensait pas les frais qu'entraînait leur préparation ; MM. Sheridan et Harratt ont, par leur initiative, changé radicalement cette situation, et développé puissamment cette source de richesses.

« C'est là, du reste, un des résultats de la protection libérale que les étrangers trouvent à Buenos-Ayres, et qui décide des milliers d'immigrants à venir s'établir dans la ville et dans les campagnes, contribuant efficacement à accroître les ressources du pays et sa prospérité commerciale par leurs efforts intelligents et leurs habitudes industrieuses (1). »

A ce genre de production sont venus récemment s'ajouter les bois et le tabac du Paraguay, qui commencent à trouver en Europe, et plus particulièrement en Angleterre, un placement facile et avantageux, ainsi que le guano, obtenu au moyen des *détritus* des saladeros, et qui forme la base d'une exportation naissante.

Dans leurs récapitulations, concernant le mouvement maritime du commerce international, les *Annales* établissent que les bâtiments d'outre-mer, entrés dans le port de Buenos-Ayres, ont donné un chiffre de 619 navires, jaugeant 153,119 tonn., et ceux qui en sont partis, un chiffre de 592, jaugeant 144,051 tonn., ensemble, 1,211 bâtiments, présentant un tonnage général de 297,170.

Sur les 71 navires français, qui se trouvaient, en 1855, dans le port de Buenos-Ayres, 45, jaugeant 11,333 tonn., en sont sortis avec chargement.

« Il est entré dans nos ports, en 1855, dit encore le même document officiel, 46 navires (2) chargés, venant de Buenos-Ayres, sous pavillon français. C'est, pour notre marine, dans l'ensemble du mouvement des arrivages et des départs, 8 bâtiments chargés de plus que l'année précédente. »

L'activité progressive dont témoignent ces chiffres affirme l'importance, d'ailleurs incontestée, du commerce international de la France et de Buenos-Ayres. Ce commerce a ceci d'exceptionnellement avantageux que les produits de ce dernier Etat étant à la condition de matière première, et présentant intrinsèquement

(1) « Buenos-Ayres et les Provinces du Rio-de-la-Plata, » page 360.

(2) En 1856, le nombre des navires, partis pour Buenos-Ayres des ports de France, s'est élevé à 62.

un volume considérable, l'exportation s'en empare, sous cette forme, pour les livrer aux manufactures françaises, ce qui offre aux bâtiments français des retours presque assurés, et que ces mêmes produits, une fois manufacturés en France, se transformant en articles d'exportation, redeviennent un élément fructueux de circulation maritime, et retournent à leur point de départ s'absorber dans la consommation générale.

---

# V

## SITUATION GÉNÉRALE.

CARACTÈRE NATIONAL. — ACCROISSEMENT DES FORTUNES. — VALEUR DES TERRAINS. — PARTICIPATION DU GOUVERNEMENT AUX GRANDES ENTREPRISES PUBLIQUES. — BANQUE DE DÉPÔTS ET D'ESCOMPTES. — SALUBRITÉ DU CLIMAT : CONDITIONS EXCEPTIONNELLES DE LONGÉVITÉ; ALIMENTATION NATIONALE. — ENSEMBLE DES AVANTAGES OFFERTS A L'IMMIGRATION.

L'ordre économique, institué par la réunion des lois dont nous venons d'indiquer le caractère, le but et les dispositions essentielles, se relie, par un trait d'union naturel, aux libertés politiques et religieuses qu'a sanctionnées la Constitution, à la jurisprudence administrative, aux stipulations du droit civil, aux tendances dominantes de l'opinion et aux mœurs nationales.

« Il n'est point à Buenos-Ayres d'étrangers, » a dit M. le Ministre des Relations extérieures, dans sa circulaire aux consuls. Tous les habitants du pays, européens ou indigènes, jouissent dans leur plénitude des droits civils, base de la justice et de l'égalité sociale. Rien, à l'exception des droits politiques et des devoirs qui s'y rattachent, n'est exclusivement réservé aux Argentins.

Sympathiques à l'Europe, à son esprit civilisateur et à ses coutumes, les Buenos-Ayriens sont dégagés de préjugés nationaux et d'égoïsme patriotique. Loin de déprécier ce qui leur vient du vieux Monde, ils le recherchent et l'accueillent, considérant, non l'origine des choses, mais leur valeur propre.

«La ville de Buenos-Ayres, écrivait, en 1851, M. Tardy de Montravel, est marquée au cachet de la France. Notre littérature et notre langue elle-même y sont plus répandues que nulle part ailleurs. Dans les rayons d'une bibliothèque, sur la table d'un cabinet de travail, vous ne rencontrez guère que des ouvrages français de droit, de médecine, de science ou d'art.

« Dans les salons, sur les consoles, les guéridons, les étagères, l'on ne voit que des produits de notre industrie entassés pêle-mêle : ici, des vases de porcelaine, là de ces mille riens qui ornent le boudoir de nos Françaises, des chinoiseries de nos fabriques, et partout, comme cachet plus vrai encore, nos romanciers du jour et nos poètes.

« Et cette préférence ne vient pas d'un engouement capricieux et passager, il est le résultat d'une sympathie naturelle que rien n'a pu détruire chez l'Argentin, et d'une similitude parfaite entre son caractère et le nôtre. Même légèreté de caractère, même vivacité dans l'esprit et les mouvements, même bienveillance envers les étrangers, égale facilité à ce rayonnement d'expansion internationale. »

Ces nuances du caractère argentin, s'ajoutant aux avantages industriels du pays et aux lois libérales qui le régissent, devaient avoir pour résultat d'attirer vers l'Etat de Buenos-Ayres la population flottante, l'industrie et les capitaux européens. Ils expliquent l'accroissement successif des revenus de l'Etat et du mouvement commercial ; le rapide développement de tous les genres d'entreprises ; l'augmentation si marquée de la valeur des biens-fonds, et les grands profits qu'on retire actuellement de l'élève du bétail et de l'exploitation des établissements ruraux.

« Il suffit, dit M. Chaubet, de jeter un coup d'œil sur les quartiers commerçants de la cité pour être à même de constater l'immense accroissement d'un grand nombre de fortunes. A ce moment même, plus de trois cents maisons nouvelles s'élèvent comme par enchantement, et quelques-unes étalent une somptuosité toute parisienne.

« Le prix des terrains s'est ressenti de cet état de choses; une cuadra de terre (1), qui coûtait 5,000 fr. il y a trois ans, en coûte aujourd'hui 100,000; une augmentation analogue s'est opérée dans les campagnes : le fonds de terre, qui se vendait 6,000 fr., se vend actuellement 80,000, et la lieue carrée de terrain à pâturage, qu'on avait pour 10,000, s'obtient à peine à présent pour 100,000. »

Tout en laissant aux impulsions particulières le mérite des initiatives, le Gouvernement s'est puissamment intéressé à toutes les entreprises pouvant offrir un caractère d'utilité générale. Il a coopéré, entr'autres, à l'établissement du chemin de fer, qui relie présentement la campagne de Buenos-Ayres à cette capitale, pour une somme de 1,300,000 p.; à l'édification de la nouvelle douane pour un chiffre de 6,500,000 p., et pour 3,500,000 p. à la création du superbe môle qui assure aux passagers des facilités si précieuses de débarquement.

L'administration intérieure a pu s'appuyer d'une forte institution de crédit, grâce à la transformation de l'ancienne banque à émission de papier en une banque véritable de dépôts et d'escomptes.

« Cette dernière réforme a pour but de procurer au travail les moyens de conserver et d'augmenter ses économies, de fournir

(1) 150 varas carrées.

au commerce de nouveaux éléments d'activité, et d'ouvrir au pays lui-même la voie la plus sûre pour éteindre sa dette en papier-monnaie avec les bénéfices accumulés de l'institution. Plus tard, les opérations pourront s'étendre sur le crédit foncier, et présenter ainsi un essai de banque hypothécaire.

« Dirigé par douze négociants les plus opulents du pays, tant étrangers que nationaux, cet établissement compte à peine trois années d'existence ; et, déjà, les dépôts volontaires, qui, en novembre 1854, s'élevaient seulement à 22,198 p. fortes et à 2,933,844 p., monnaie courante, ont atteint, au 30 décembre 1856, 946,272 p. fortes et 57,180,176 piastres papier, ensemble 20,000,000 de francs. »

Provenant presque exclusivement des industriels et des ouvriers étrangers, venus à Buenos-Ayres en qualité d'immigrants, ce chiffre a son enseignement : il témoigne, en même temps, de la promptitude avec laquelle le travail intelligent et honnête réalise des économies, et de la foi durable qu'inspirent l'intégrité de l'administration et l'avenir pacifique du pays.

On a justement rangé, parmi les circonstances qui concourent à la prospérité du travail étranger, la tendance marquée des indigènes à s'absorber presque exclusivement dans l'élève du bétail, en abandonnant aux Européens les professions artistiques, manuelles ou purement agricoles. « Ainsi, dit encore M. Chaubet, grâce à l'immigration étrangère, cette propension d'une partie de la population indigène à s'isoler dans les régions intérieures où se trouvent les estancias n'a point été préjudiciable à l'état florissant de Buenos-Ayres et des autres villes maritimes de la Plata : au contraire, le génie de l'industrie a trouvé, dans l'activité de la race européenne, un élément qui lui était nécessaire pour se développer avec plus de rapidité au sein d'un peuple, encore nouveau sous plus d'un rapport. »

S'il est aisé de parvenir à se créer, dans l'état de Buenos-Ayres, avec une énergie laborieuse et de l'ordre dans les habitudes, une existence facile et les éléments d'une petite fortune, un autre intérêt, qui domine le premier et s'y rattache, y trouve, à son tour, une bien précieuse satisfaction. Le climat de la Plata est essentiellement approprié aux conditions spéciales d'organisation et de tempérament des Européens. Peu de contrées peuvent rivaliser avec Buenos-Ayres pour la durée moyenne de la vie et les conditions de longévité, et tandis qu'on compte en Russie un décès sur 26 habitants; à Gênes, 1 sur 28; dans le Wurtemberg, 1 sur 31 1|2; en Belgique, 1 sur 35; en France, 1 sur 40; en Danemark, 1 sur 40; en Suisse, 1 sur 41; dans les Etats-Unis, 1 sur 43; dans le Mecklembourg, 1 sur 46 1|2; aux îles Açores, 1 sur 48; à Buenos-Ayres, on n'en constate qu'un sur 50.

Ces conditions de longévité dépendent non-seulement de l'influence conservatrice d'un air pur, mais de l'action fortifiante et réparatrice de la vie alimentaire.

On sait à quelle hauteur pratique la chimie moderne a élevé les conditions et les lois de l'hygiène: on n'ignore pas davantage à quel point l'alimentation, sur plusieurs points de l'Europe, demeure bornée dans ses éléments, et généralement insuffisante.

A Buenos-Ayres, l'abondance infinie du bétail, rendant la viande accessible aux pauvres comme aux riches, en a fait la base essentielle de la nourriture nationale. L'Européen, d'ailleurs, peut, à la faveur des hauts salaires qu'obtient son travail, recourir à l'usage des vins de France ou d'Espagne. Aussi gagne-t-il notablement en santé et en force après son installation.

Que doit demander l'immigrant à la contrée où il porte son travail et son industrie? un climat salubre. La Plata est, à cet égard, privilégiée: ces latitudes ne connaissent ni la fièvre jaune du Brésil, ni le choléra européen. Les moyens d'acquérir, en travaillant un rapide bien-être? Tous les faits démontrent la facilité avec laquelle, dans l'Etat Buenos-Ayrien, l'artisan devient capitaliste, le laboureur propriétaire. Des coutumes en rapport avec celles de la mère-patrie? A Buenos-Ayres, l'esprit de l'Europe et celui de l'Amérique sont pour ainsi dire identifiés. La protection des lois et la tolérance des mœurs? L'une y est constante, l'autre complète.

---

## RÉSUMÉ.

Si l'on cherche maintenant à déterminer la signification générale des détails mentionnés dans cet aperçu, on pourra légitimement conclure que les intérêts de la population étrangère et ceux du commerce européen à la Plata sont spécialement, par suite de la richesse de Buenos-Ayres, du nombre de ses habitants, et surtout de sa position géographique, concentrés dans cette capitale, où la Constitution, les lois, l'organisation administrative et l'esprit dominant ont assuré l'existence de toutes les libertés propres à fonder une civilisation forte et une prospérité progressive :

Liberté maritime ;

Liberté commerciale et industrielle ;

Liberté politique et civile ;

Liberté religieuse.

La liberté maritime, en effet, a été sanctionnée le 18 octobre 1852 par le vote de la Législature, qui a rendu les fleuves navigables à toute provenance et à tout pavillon, soit national, soit étranger ;

Elle a été rendue effective par la création du port de San-Nicolas; par l'ouverture en franchise des ports de Bahia-Blanca et Del Carmen sur l'Atlantique; enfin, par le décret du 7 septembre 1854, assimilant, pour le taux et la perception des droits de port, de fanal et de tonnage, les pavillons étrangers au pavillon national. (L)

La liberté commerciale, à son tour, a pu s'épanouir librement, grâce aux applications de la loi récente des douanes, qui a levé, nous l'avons dit, toutes les prohibitions, exonéré l'avenir de l'industrie des conséquences de la protection, antérieurement accordée à certains articles déterminés; maintenu libres d'impôt les produits des Provinces Argentines, et réduit à un chiffre approximatif de 12 0/0 la moyenne des droits actuellement perçus.

Dans l'ordre particulier de garanties qu'elle appelle, la liberté politique et civile n'est pas moins complète, par suite des stipulations du pacte fondamental qui, d'une part, assure à tout Argentin l'exercice de ses droits de citoyen, et, de l'autre, garde de toute atteinte les principes, les opinions, la conscience des étrangers; qui ouvre, devant eux, l'accès de toutes les professions, sans prétendre absorber leur nationalité, ou en subordonner l'existence à des obligations spéciales, et qui, en les exemptant des devoirs civiques, leur assure les bénéfices de cette immunité, en réservant exclusivement le service militaire aux nationaux.

Quant à la liberté religieuse, existant de fait, à partir de l'émancipation du pays en 1810, et de droit depuis 1825, elle a été consacrée de nouveau par les articles 3, 4 et 5 de la Constitution de 1852, laquelle, tout en maintenant l'appui matériel accordé à la religion catholique, reconnue culte de l'Etat, prête un égal appui, moral et légal, à toutes les communions, à toutes les églises, secondée par l'esprit national dans l'application de ce grand principe.

De l'exercice régulier de ces libertés et des institutions qui les représentent, il est résulté :

L'amélioration des revenus publics qui ont constamment offert un mouvement ascensionnel ;

Les développements de l'immigration européenne, qu'un courant, plus rapide chaque jour, entraîne vers des contrées dont cet accroissement de population doit puissamment féconder l'avenir, en permettant d'utiliser leurs richesses naturelles, et en leur apportant les progrès de civilisations industrielles plus actives et plus avancées;

Un retour d'opinion, en faveur de pays dont les obscurités de la distance dénaturaient la situation véritable, et où l'Europe, éclairée par les intérêts qu'y a formés l'ancien Continent, et par les avantages que l'immigration y rencontre, commence à voir les assises d'une existence politique stable et l'aube d'une éclatante prospérité.

Tout s'est, en même temps, ressenti de l'impulsion donnée par ces lois libérales et par ces institutions expansives.

L'extension territoriale des frontières, rendant la surveillance très-difficile, pouvait faire appréhender les incursions des Indiens. De nouveaux traités passés avec ces tribus, l'établissement de colonies militaires agricoles dans la région méridionale de l'Etat, et la présence, sur les points les plus accessibles, d'une armée nationale parfaitement organisée ont concouru à garantir la tranquillité de ce voisinage.

Sans faire violence à la situation financière, l'Etat de Buenos-Ayres a pu prendre exclusivement à sa charge les obligations nationales de l'ex-Confédération Argentine, résultant de la guerre de l'indépendance et des sacrifices que le pays dut s'imposer pour libérer le territoire de la République Orientale de la domination brésilienne; payer à lui seul, à-compte sur les intérêts de l'emprunt anglais, 900,000 fr. par année, tandis que l'ancienne Confédération n'avait pu jamais affecter à cette destination au-delà de 300,000 fr. (1); déclarer dettes de l'Etat les engagements publics, contractés pendant la longue administration du général Rosas et durant le conflit engagé avec les puissances occidentales; former une légion agricole, et ouvrir trois ports sur l'Atlantique.

Le fonctionnement simultané de la ligne anglaise de Southampton, de la ligne Sarde, partant de Marseille, des paquebots réguliers du Havre, de la ligne française pour Rio, et de la ligne Hambourgeoise qui touche au Havre chaque mois, établit un trait d'union incessant entre l'Europe et la Plata. A l'intérieur, des entreprises de voitures publiques, soumises à une régularité périodique, mettent en rapport avec la Capitale les points les plus éloignés du territoire. Ajoutons que la première ligne de bateaux à vapeur, qui eût encore pénétré dans les rivières, fonctionne depuis 1852, et que plusieurs paquebots desservent aujourd'hui cette navigation.

Quant à la ville même, elle est devenue l'objet d'une véritable transformation.

Un môle, construit avec les meilleurs bois du Paraguay; de spacieux magasins de douanes, abritant les marchandises de toute provenance; prélude de réalisations plus complètes, un chemin de fer unissant la campagne à la Capitale; l'éclairage au gaz prenant possession de tous les quartiers; le nombre des maisons accru dans une proportion considérable; (2) la valeur des terrains décuplée; un palais épiscopal, des églises, un séminaire, des

(1) Ces fonds ont subi un mouvement ascensionnel de crédit : ils sont aujourd'hui cotés à la Bourse de Londres de 86 à 88 p. 0/0.

(2) En 1852, on a construit à Buenos-Ayres 324 maisons nouvelles; en 1853, 512, et, en 1854, 604.

écoles, (1) des marchés, des promenades et des théâtres, établis ou réédifiés : voilà ce qui appelle et frappe l'attention.

A ces créations pratiques, à ces embellissements intérieurs, se sont jointes des améliorations d'ordre intellectuel et moral. On a agrandi les sources de l'instruction publique, en augmentant le nombre et en perfectionnant le choix des livres de la bibliothèque nationale; en enrichissant, par de nouvelles collections, le Musée d'histoire naturelle (2), et en favorisant la création d'un Institut historico-géographique, qui sert avec succès à la propagation des deux sciences.

Un refuge a été ouvert aux plus tristes infortunes par la fondation d'un Asile spécial d'aliénés, largement conçu, libéralement exécuté, et où sont réalisés les plus récents progrès de la science mentale. Fondée depuis 1825, une vaste Société de bienfaisance placée sous le patronage des dames notables de Buenos-Ayres, à laquelle viennent se rattacher comme des dépendances toutes les écoles de jeunes filles, et qui bien qu'ayant l'éducation pour mission spéciale, embrasse dans son rayon toutes les misères, étend, chaque jour, ses conquêtes et ses bienfaits. Les directrices de cet institut, comprenant que les actions méritantes doivent avoir leur récompense pour avoir leur contagion, et qu'en honorant le bien on moralise l'esprit public, ont institué, à l'instar des prix Monthyon, un système de distinctions, annuellement décernées, en séance publique, aux personnes que la notoriété désigne comme s'étant signalées par leur piété filiale, leur courage et leur vertu.

On peut donc dire, en généralisant ces faits, soit matériels, soit

(1) L'Etat de Buenos-Ayres compte 99 écoles, contenant 6,749 élèves ; dans le Collége principal, parmi les bourses dont profitent les enfants du territoire, plusieurs ont été réservées, par une pensée confraternelle, aux jeunes gens des Provinces Confédérées.

(2) Ce musée est placé sous la protection d'une société dite *Association des Amis de l'histoire naturelle de la Plata.*

moraux, que l'étranger est sûr de trouver à Buenos-Ayres l'appui d'institutions généreuses, l'épanouissement de mœurs sympathiques, la sécurité, le bien-être, l'activité, les idées dominantes, les coutumes et les progrès de la vie européenne.

# APPENDICE

# APPENDICE

## (A) Traité du 20 décembre 1854. (Extrait.)

S. E. le Gouverneur de l'État de Buenos-Ayres et S. E. le Président de la Confédération Argentine, désirant rétablir la paix compromise par l'invasion faite sur le territoire de Buenos-Ayres par la force armée, sortie de la province de Santa-Fé, à l'insu du gouvernement, contrairement à ses ordres les plus formels, et qui devait causer de justes alarmes au gouvernement de Buenos-Ayres, ont nommé des Commissaires à cet effet, savoir : S. E. le Gouverneur de l'État de Buenos-Ayres, son ministre et secrétaire d'État des relations extérieures, et S. E. le Président de la Confédération Argentine, MM. Joseph Cullen et Daniel Gowland, lesquels, après avoir échangé leurs pleins pouvoirs, et les avoir trouvés en bonne et due forme, sont convenus des stipulations suivantes :

« Article 1er. Les deux gouvernements, reconnaissant mutuellement le *statuquo*, antérieur à l'invasion du 4 novembre 1854, stipulent qu'à partir de la date du présent traité, cesseront dans les deux États les préparatifs militaires causés par l'invasion du territoire de Buenos-Ayres. Ils s'engagent réciproquement à se maintenir en paix et bonne harmonie, à retirer leurs forces des positions qu'elles occupent par suite de l'invasion sus-mentionnée, et à conserver toutes les relations de commerce formées antérieurement, sans que ni l'une ni l'autre des parties contractantes puisse établir de nouvelles charges, ne pesant pas sur tout le commerce étranger, ou, précédemment au 20 décembre 1854, sur le commerce extérieur de l'un et l'autre peuple.

Art. 2. Afin de faire disparaître pour jamais les motifs qui ont suscité les légitimes alarmes du gouvernement de Buenos-Ayres, le président de la Confédération Argentine s'engage à faire immédiatement sortir, pour deux années, de la province de Santa-Fé, tous les individus qui ont envahi le territoire de Buenos-Ayres, soit qu'ils appartiennent à l'armée, soit que, sans être militaires, ils aient activement concouru à fomenter ou à préparer cette invasion. »

---

## (B) **Traité du 8 janvier 1856, servant d'ampliation à celui du 20 décembre 1854.** (Extrait.)

« 6° L'Etat de Buenos-Ayres admettra, libres de droit d'introduction, toutes les productions naturelles de la Confédération Argentine, quelle que soit leur forme, et la Confédération Argentine admettra, de la même manière, celles de l'Etat de Buenos-Ayres.

7° Seront libres de droit, en transit et en extraction pour Buenos-Ayres, les métaux en barres ou monnayés.

8° Sont également libres de toute espèce de droits, dans leur transit et introduction sur tous les points de l'un et de l'autre territoire, le gros bétail, les chevaux, les mulets et les moutons.

9° Les marchandises étrangères qui sortent des ports de l'Etat de Buenos-Ayres pour ceux de la Confédération Argentine, ou de ceux de la Confédération pour l'Etat de Buenos-Ayres, ne paieront de droits, ni autres, ni plus élevés, que ceux imposés aux marchandises qui procèdent des autres marchés, suivant les conventions stipulées dans le traité du 20 décembre 1854.

10° L'importation ou exportation de tout article de commerce, ou le transit de toute espèce d'effets pourra se faire par terre ou par eau, d'un territoire à l'autre. »

---

## (C) Agents diplomatiques et Consulaires étrangers, résidant à Buenos-Ayres.

| | | |
|---|---|---|
| États-Unis de l'Amérique du Nord. | Ministre résident. | James A. Peden. |
| id. | Consul. | William H. Hudson. |
| Brésil. | Chargé d'Affaires. | D. J. T. de Amaral. |
| id. | Consul général. | J. C. Pereyra-Pintos. |
| Confédération Argentine. | Agent commercial. | Daniel Gowland. |
| Répub. orient. de l'Uruguay. | Consul général. | A. Magariños-Cervantes. |
| République du Paraguay. | id. | Buenaventura Decoud. |
| Sardaigne. | id. | Marcello Cerruti. |
| id. | Vice-Consul. | José Carrosini. |
| Naples. | Consul. | D. Pedro de Angelis. |
| Suède et Norwége. | id. | Conde Trico Frolich. |
| Danemark. | id. | Jean-Jacob Klick. |
| id. | Vice-Consul. | J.-E.-Cornélius Tiedge. |
| Prusse. | Consul. | François Halback. |
| Hanovre. | id. | Henri Cammann. |
| Saxe. | id. | Arthur Blanck. |
| Duché d'Oldenbourg. | id. | Constant Santa-Maria. |
| Lubeck. | id. | H. Hartenfeld. |
| Brême. | id. | François Halbach. |
| Hambourg. | id. | Edouard Zimmermann. |
| Pays-Bas. | id. | Hugo Bunge. |
| Belgique. | id. | Adolphe Van-Praet. |
| Grande-Bretagne. | Vice-Consul. | Frank Parish. |
| Espagne. | Consul général. | Jacinto de Albistur. |
| Portugal. | Consul. | J. Coelho Meyrelles. |

## Agents de l'État de Buenos-Ayres à l'étranger.

| | | |
|---|---|---|
| Grande-Bretagne. | Consul général. | G. F. Dickson. |
| Londres. | Vice-Consul. | Spencer Dickson. |
| Liverpool. | Consul. | J. Rennié. |
| Glasgow. | id. | Samuel Ferguson. |
| France. Paris. | Agent confidentiel. | M. M. Balcarce. |

| | | |
|---|---|---|
| Bordeaux. | Consul général. | M. E. M. de Santa-Coloma, |
| id. | Vice-consul. | M. Ferdinand Santa-Coloma. |
| Havre. | Consul. | M. C. Napp. |
| Nantes. | id. | M. A. Gourdon. |
| Marseille. | id. | M. J. Pianello. |
| Bayonne. | id. | M. C. Robs. |
| Espagne. | Agent confidentiel. | Juan Thompson. |
| Madrid. | Consul. | L. Abad y Martinez. |
| La Corogne. | id. | D. Bruno Herce. |
| Malaga. | id. | Pablo Parladé. |
| Cadix. | id. | B. Blanco Gonzalez. |
| id. | Vice-consul. | D. id. |
| Barcelone. | Consul. | D. J. A. Tresserra. |
| Tarragone. | id. | Jaime Gazet. |
| Matanzat. | id. | F. Roget. |
| Bilbao. | id. | S. M. Yngunza. |
| Vigo. | id. | F. Tapias. |
| Séville. | Vice-consul. | Santos Alonzo. |
| Saint-Sébastien et Pasages. | Consul. | D. N. Soraluce. |
| La Havane. | id. | Justo Mazorra. |
| Ténériffe. | id. | Virgilio Ghirlanda. |
| Portugal. | Consul général. | F. A. Barbosa de Vasconcelios. |
| Sétuval. | Vice-consul. | J. Oliveira Perdigon. |
| Iles du Cap-Vert. | Consul. | A. Ferreira Martinez. |
| Iles Saint-Michel. | Vice-Consul. | A. José Rodriguez. |
| Italie. Gênes. | Consul. | Bartholome Viale. |
| Savone. | id. | J. Castellani. |
| Rome. | id. | C. Domeniconi. |
| Hollande. Rotterdam. | id. | Hermann Van Houten. |
| Belgique. Anvers. | Consul général. | De Coster. |
| Bruxelles. | id. | M. C. Stercks. |
| Danemark. Conpenhague et Elseneur. | id. | G. Ditleo Peterson. |
| Altona. | id. | Théodore Gaizen. |
| Saxe. | Consul général. | J. A. Van Mensch. |
| Lubeck. | Consul. | F. E. Schutt. |
| Brême. | Consul général. | A. Borchers. |
| Hambourg. | id. | A. Milberg. |
| États-Unis de l'Amérique du Nord. New-York. | Consul. | C. Frazier. |

| | | | |
|---|---|---|---|
| | Baltimore. | Consul. | C. Morton Stewart. |
| | Boston. | id. | Fitz Henry Homer. |
| | Charleston. | id. | Molte Allston Pringle. |
| Brésil. | Rio-Janeiro. | Vice-consul. | Daniel Milberg. |
| | Pernambuco. | Consul. | J. de Amorim. |
| | Bahia. | id. | E. Schutt. |
| | id. | Vice-consul. | J. Pereira Marinho. |
| | Parnagua. | id. | M. L. de Oliveira. |
| | Puerto de Santo. | id. | M. Pereira dos Santos. |
| | Rio-Grande. | id. | G. J. Martin de Araujo. |
| | Ytapemerim. | id. | G. Diaz da Silva. |
| Répub. orient. de l'Uruguay. | | Consul général. | Carlos Calvo. |
| Pérou. | | id. | A. Villota. |
| | Arequipa. | Vice-consul. | J. M. Vasquez. |
| | Tacna. | id. | P. J. Portal. |
| Bolivie. | | Consul général. | Ramon Alvarado. |
| | La Paz. | Vice-consul. | Rosendo San Millan. |
| Paraguay. | | Consul. | P. Martinez Fernandez. |
| Chine. | Canton. | id. | J. Purdon, fils. |

## (D) Confédération Argentine : Lois établissant des DROITS DIFFÉRENTIELS à l'importation.

### I. *Loi du* 19 *juillet* 1856.

« Art. 1er. Quatre mois après la promulgation de la présente loi, les marchandises provenant des pays situés en deçà des caps (1) et importées par les ports fluviaux de la Confédération, acquitteront les droits d'importation ci-après:

1° Les marchandises non passibles d'un droit spécifique payeront le double du droit actuel ;

2° Les marchandises passibles d'un droit spécifique acquitteront un droit additionnel de 30 p. 100 de la valeur.

Art 2. Les marchandises importées directement des pays situés au delà des caps par les ports précités continueront à acquitter uniquement le droit actuel.

Art. 3. Les produits du sol et de l'industrie de la République orientale de l'Uruguay, du Paraguay et des Possessions brésiliennes, situées en deçà des

(1) C'est-à-dire de Buenos-Ayres, de Montevideo, et d'autres ports de la Plata.

caps, importés directement par les ports précités, seront traités comme les marchandises spécifiées à l'article 2.

Art. 4. Les produits du sol et de l'industrie de la Province de Buenos-Ayres seront admis en franchise comme produits nationaux. »

II. *Loi du 25 juillet 1855.*

« *Article unique.* Est porté à six mois le délai d'application fixé par l'article 1er de la loi du 19 juillet 1856, établissant des droits différentiels sur les marchandises d'outre-mer importées indirectement d'au-delà des caps. »

(*Annales du Commerce Extérieur.*)

---

## (E) Loi sur la libre navigation des rivières.

Buenos-Ayres, 18 octobre 1852.

L'honorable Chambre des Représentants, vu la souveraineté ordinaire et extraordinaire qu'elle revêt, a sanctionné, avec force de loi, les articles suivants :

« Art. 1er. La province de Buenos-Ayres reconnait en principe la convenance générale de l'ouverture du Rio de la Plata au trafic et à la navigation marchande de toutes les nations; dès ce jour, elle le permet et le déclare.

Art. 2. On autorise le pouvoir exécutif à faire le règlement respectif qu'on devra soumettre à l'approbation de l'honorable Chambre.

Art. 3. Une fois qu'on aura approuvé le règlement auquel fait allusion l'article 2, le Pouvoir Exécutif le soumettra à l'approbation des provinces limitrophes pour la part qui les concerne. Pour ce qui touche à la province de Buenos-Ayres, il commencera à être exécutable immédiatement après cette approbation.

Art. 4. Qu'on le communique au Pouvoir Exécutif. »

Dieu garde V. E. bien des années.

MARCELO GAMBOA.
JEAN-PICO — *Secrétaire.*

*Décret réglementant la loi relative à la libre navigation des rivières.*

« Art. 1er. Tous les navires marchands, quels que soient leur pavillon, provenance et tonnage, pourront naviguer librement dans les eaux du Paraná, sans être assujettis à des visites, stations, arrivées forcées, et sans que, par voie de transit, ils puissent être grevés d'aucun impôt, droit ni taxe, de la part de la Province.

2° Les navires marchands, mentionnés dans le précédent article, provenant de ports étrangers, et se dirigeant avec leur chargement sur les côtes de la province dans le Paraná, pourront aborder, pour cause d'accident, dans un port quelconque de la province, mais seulement dans les ports de cette rivière, lui appartenant, et qui se trouvent ouverts au commerce extérieur. Ils seront admis à y charger ou à y décharger des marchandises, en se soumettant aux mêmes formalités, et en acquittant les mêmes droits de port et de douane qui sont perçus dans le port et la douane de Buenos-Ayres.

3° Les navires étrangers, qui naviguent dans le Paraná, ne pourront entrer et sortir que par le canal principal du Paraná-Guazu, soit que ces navires se rendent dans les ports de la Province de Buenos-Ayres ou dans ceux des Provinces Argentines et des nations étrangères, situées dans la partie supérieure de cette rivière, soit qu'ils en proviennent; le Paraná de las Palmas et divers canaux inférieurs étant exclusivement réservés à la navigation du cabotage.

4° Les navires excédant 120 tonneaux pourront importer de la douane de Buenos-Ayres les marchandises expédiées pour la consommation, à destination des ports de la province dans le Paraná, et prendre un chargement de retour dans les ports ouverts au cabotage.

5° Les navires étrangers, dont fait mention l'article antérieur, pourront également prendre les marchandises en transit de la douane de Buenos-Ayres pour les conduire à destination par la voie du Paraná; mais ils ne pourront, en ce qui touche la Province, les déposer que dans les ports de dépôt lui appartenant dans cette rivière.

6° Quand un navire étranger sortira du port de Buenos-Ayres, emportant des marchandises expédiées en transit à destination des Provinces Argentines ou nations étrangères, situées au-dessus du Paraná, il pourra le faire, sans être assujetti à des formalités autres que celles auxquelles sont soumises, en pareil cas, les navires nationaux dans la douane de Buenos-Ayres.

7° Le port de San-Nicolas de los Arroyos sur le Paraná est déclaré principal port de transit et de dépôt, accessible au commerce extérieur.»

Le 2 septembre 1854, le Sénat et la Chambre des Représentants ont donné force de loi à l'article suivant :

« Est approuvé le décret du Pouvoir Exécutif du 24 novembre 1852, réglant la navigation du Paraná, en ce qui touche l'Etat de Buenos-Ayres.»

## Police de la navigation.

Le gouvernement de Buenos-Ayres a publié, le 28 mars dernier, le règlement dont nous donnons ci-après la traduction :

Considérant que le développement du cabotage, ainsi que de la navigation à vapeur et *l'ouverture des fleuves à tous les bâtiments marchands*, obligent de réglementer la police maritime de la Plata et de ses affluents dans les eaux de l'Etat de Buenos-Ayres, de manière à garantir les intérêts commerciaux contre le retour des accidents fréquents qu'ont éprouvés les bâtiments à vapeur et à voiles,

Le gouvernement décrète ce qui suit :

« Art. 1er. Tout navire à voiles en cours de voyage, de quelque lieu qu'il vienne, ancré ou amarré, aura, à son grand mât, ou dans quelque autre endroit très-apparent, une lumière constamment allumée pendant la nuit; une vigie devra s'y tenir.

Art. 2. Les navires à vapeur entretiendront, en cours de navigation, indépendamment des lumières qu'ils ont habituellement aux tambours et aux porte-haubans, une autre lumière au grand mât; s'ils sont ancrés, cette dernière suffira.

Art. 3. Lorsque des bâtiments à vapeur rencontreront dans un fleuve des navires à voiles, en raison de leur supériorité, ils leur céderont toujours l'avantage du vent. En temps de calme, le navire à voiles sera considéré comme ancré, et celui qui, dans un fleuve, est le plus en amont sera réputé avoir l'avantage du vent.

Art. 4. Si des navires à voiles se rencontrent, celui qui sera le plus rapproché du côté d'où le vent souffle cédera l'avantage du vent.

Art. 5. Lorsque des navires à voiles navigueront en sens contraire, ceux qui descendent le fleuve seront toujours considérés comme ancrés par ceux qui le remontent.

Art. 6. En cas de rencontre de navires à vapeur, celui qui est en amont prendra la droite et l'autre la gauche; ils se présenteront leurs bâbords, de manière à faciliter la manœuvre.

Art. 7. Lorsqu'un navire arrivera du côté d'un autre navire ancré ou amarré, la vigie de ce dernier criera : *Ancré!* ou *Amarré!* afin que le premier navire averti manœuvre en conséquence.

Art. 8. Les navires qui, en contrevenant au présent règlement, éprouveront des avaries, n'auront droit à aucune réclamation; ils supporteront tous les frais résultant de ladite contravention.

Art. 9. Le capitaine du port, en sa qualité de chef de la police maritime, est et demeure spécialement chargé de l'exécution du présent règlement; tout capitaine ou patron de navire devra en avoir un exemplaire imprimé, qui lui sera délivré gratis à la capitainerie du port.

Art. 10. Sera, le présent règlement, soumis à l'approbation des gouvernements riverains de la Plata et de ses affluents, d'accord avec le gouvernement de la Confédération Argentine. »

(*Annales du Commerce Extérieur.*)

## Loi sur le Pilotage.

Buenos-Ayres, 30 juillet 1856.

« Art. 1er. Considérant que l'occupation du pilote est une branche d'industrie dont la liberté est garantie par le 164e article de la Constitution; que les lois qui ont limité l'exercice du pilotage ne sont pas seulement injustes, mais encore préjudiciables aux intérêts du commerce, sans offrir aucun revenu ni avantage au service public; que par le fait de l'Assemblée générale, refusant d'adopter le projet de la loi qui lui a été soumis, le Pouvoir exécutif fut revêtu de l'autorité nécessaire pour révoquer toutes les lois existantes concernant la matière, dans les limites de ses facultés, et se trouvant d'accord avec les lois; que c'est un avantage pour le pays et particulièrement dans les circonstances actuelles, de donner au commerce et à la navigation la plus grande liberté possible, d'abolir les charges iniques qui pèsent sur les navires venant d'outre-mer; le gouvernement a ordonné et ordonne ce qui suit.

Art. 2. L'occupation du pilote est déclarée libre dans tous les ports, rades, côtes et rivières de l'Etat. Ladite branche d'industrie peut être exercée par des compagnies ou des individus, sans que le gouvernement intervienne pour fixer le prix du pilotage, autrement qu'en donnant de la publicité auxdits tarifs de pilotage, en les communiquant officiellement au capitaine du port.

Art. 3. Pour être reconnu capable d'exercer le pilotage, il faut pouvoir remplir les mêmes conditions qui sont imposées aux pilotes du port, conformément aux règlements qui sont stipulés dans l'article 7 qui se trouve contenu dans le décret du 22 janvier 1824. Le titre de pilote sera concédé par le ministre de la marine.

Art. 4. Aucun bâtiment ne sera tenu de prendre un pilote en entrant dans le port ou en s'en éloignant, et, conséquemment, lesdits bâtiments seront exempts du paiement du demi-pilotage qui, auparavant, était exigible, conformément au décret du 8 juillet 1830. Il reste maintenant à la discrétion des capitaines de savoir s'ils doivent prendre ou non un pilote à leur bord respectif.

Art. 5. Si un nombre quelconque de pilotes, ayant droit d'exercice, veulent se constituer en compagnie ou association, ils sont tenus d'en informer le capitaine du port, et de lui donner une copie des règlements et du tarif qu'ils auront adoptés.

Art. 6. Les pilotes sont passibles, en tout ce qui concerne leur profession, des lois et règlements maritimes de l'Etat ; et, en cas de poursuites judiciaires, pour avoir manqué d'accomplir leur devoir, ils seront déférés au tribunal de commerce. »

---

### (F) Établissement d'une douane extérieure dans la ville de San-Nicolas, à 60 lieues au Nord de Buenos-Ayres, sur le Paraná.

21 septembre 1853.

Le Gouvernement, en exécution des dispositions prescrites par l'article 8 du règlement du 24 novembre 1852, concernant la libre navigation du Rio-Paraná, a décrété :

L'établissement d'une douane de dépôt et d'expédition dans le port de San-Nicolas de los Arroyos commencera à fonctionner le 15 octobre 1853.

*Décret sur la Douane de San-Nicolas.*

Buenos-Ayres, 3 juillet 1854.

«Art. 1er Au port San-Nicolas de los Arroyos pourront aborder et mouiller librement les navires marchands de tous pavillons, naviguant dans le Paraná, aux conditions stipulées dans l'article 3 de la disposition réglementaire du 24 novembre 1852, et sous la réserve des modifications qui pourraient y être apportées à l'avenir.

2° Tout navire, suivant l'article 70 du règlement de la douane, pouvant rester huit jours dans le port pour disposer de son chargement au mieux de ses intérêts, il sera exempté, pendant cet espace de temps, de la production d'un manifeste général, ainsi que de tout droit de tonnage.

3° Les navires qui conduisent des chargements de retour de la capitale présenteront leurs acquits-à-caution qui leur serviront de manifeste général, en se conformant aux formalités indiquées pour le règlement général, sans être astreints à en laisser copie ni à produire d'autre manifeste.

4° Les articles de réexpédition seront expédiés au moyen de ces acquits-à-caution, en supprimant, dans ce seul cas, le manifeste partiel. Le contrôleur fera seulement sur ces acquits les annotations nécessaires.

5° Le navire, qui conduira une partie de son chargement à destination du port de San-Nicolas, ne mentionnera que ces articles dans son manifeste général, et ils seront débarqués et expédiés selon la forme qui leur correspond.

6e Quant à la partie du chargement, non comprise au manifeste-général, elle sera emportée par le navire à son autre destination, au moyen d'un permis de la direction de comptabilité, et sans autre réquisition.

7e Les articles de réexportation seront expédiés par eau sous la surveillance du collecteur de la douane de San-Nicolas, avec les acquits-à-caution en duplicata. L'une des copies sera remise à l'intéressé, l'autre sera conservée aux archives de la douane, sans que le navire soit obligé d'ouvrir et de tenir un registre approprié.

8e Les articles de réexportation, acheminés pour l'intérieur de l'État, sortiront librement de la douane, sans permis, reconnaissance, ni autre genre de réquisition.

9e Les évaluations de la douane de San-Nicolas seront établies et réglées, conformément aux stipulations du chapitre IV de la loi en vigueur.

10e L'enregistrement de ces estimations s'effectuera séparément, en vertu de l'article 30 du même chapitre.

11e L'embarquement des produits du pays sera réglé, en conformité de l'article 22 du règlement des douanes.

12e Tout navire, arrivant à San-Nicolas avec un chargement de réexpédition de la capitale, et dont on n'aurait déchargé qu'une partie en transit aux lieux où des douaniers sont établis, témoignera du fait, au moyen d'une note portée sur son acquit-à-caution, établissant que ce débarquement a effectivement eu lieu. Nulle autre formalité ne sera exigible.

13e Les produits de dépôt seront librement expédiés pour la capitale ou l'extérieur, sans aucun genre de nantissement, suivant les stipulations de l'article 6 de la loi du 9 novembre 1852.

14e Les produits de l'État exportés par eau pour la capitale, seront tenus de fournir un nantissement équivalant à la valeur des droits de sortie, jusqu'à ce qu'ils aient justifié de leur introduction dans cette capitale.

15e Les bagages seront déchargés et visités à leur entrée par le contrôleur, et à leur sortie durant le jour par un douanier (*resguardo*), conformément à l'article 4 du règlement.»

---

## (G) FRANCHISE DES PORTS. — I. Port de Bahia-Blanca.

Buenos-Ayres, le 7 juin 1856.

Le Sénat et la Chambre des représentants, réunis en assemblée générale, ont voté la *loi* suivante :

« Art. 1er. Le port de *Bahia-Blanca*, sur l'Océan Atlantique, est déclaré port franc pour tous les bâtiments de commerce, sans distinction de pavillon.

Art. 2. Sont dès lors exempts de tous droits de port les bâtiments de long cours et de cabotage de toute provenance qui se rendent dans ledit port, à l'exception seulement des droits de pilotage, de visite et de patente de santé.

Art. 3. Sont également exempts de tout droit de douane, pendant cinq années, les importations et les exportations de marchandises de toute sorte soumises dans ce port aux formalités de visites. La franchise dont il s'agit est expressément limitée à la consommation exclusive et à la production spéciale du district de *Bahia-Blanca*. »

## II. Ville et port d'El Carmen.

Le Sénat et la Chambre des représentants, etc., ont voté la *loi* suivante :

« Les franchises accordées au port de *Bahia-Blanca*, par la *loi* en date de ce jour, sont étendues au port de la ville d'*El Carmen* sur le Rio-Negro et dans le district de Patagones. »

(*Annales du commerce extérieur.*)

Buenos-Ayres, 7 juin 1856.

*Le second vice-président de la Chambre des députés au Pouvoir exécutif de l'Etat.*

Le soussigné a l'honneur de transcrire à Votre Excellence, pour son exécution, la loi en date d'hier sanctionnée par les Chambres.

Le Sénat et la Chambre des représentants de l'Etat de Buenos-Ayres, réunis en assemblée générale, ont sanctionné, en lui donnant validité et force de loi, ce qui suit :

« Art. 1er. Le port de Bahia-Blanca, sur l'Océan Atlantique, est déclaré port franc.

2. Sont par conséquent exemptés de tout droit de port, les navires de long-cours ou cabotage qui s'y rendront de quelque provenance que ce soit ; à l'exception seulement des droits de pilotage, visite et patente de santé.

3. Sont aussi exemptées de tout droit de douane, pour une durée de cinq ans, les importations et exportations de toute espèce qui auront lieu par ledit port ; bien entendu que cette franchise est limitée à la consommation exclusive et à la production propre de ce district.

4. Dans le cas où le règlement des franchises dont il s'agit dans l'article 3 ne pourrait en pratique s'effectuer à cause de la localité ou d'autres inconvénients, d'où ressortirait un préjudice pour le Trésor public, le Pouvoir exécutif est autorisé à les suspendre, moyennant l'annonce anticipée de six mois, et à charge d'en rendre compte immédiatement à la législature, pour que celle-ci pourvoie aux mesures convenables.

5. Le transit des importations dirigées sur les provinces de l'intérieur, ou des productions arrivant de ces provinces pour être exportées par ledit port, sera réglé par le Pouvoir exécutif, d'accord avec les lois en vigueur.

6. Le Pouvoir exécutif pourvoira en temps opportun aux emplois nécessaires et aux règlements convenables, afin de donner effet aux dispositions de la présente loi qui lui sera communiquée. »

Que Dieu garde Votre Excellence de longues années.

Federico PINEDO.

*Le secrétaire*, José-Maria GUTIERREZ.

Le 9 juin 1856.

Buenos-Ayres, 7 juin 1856.

*Le second vice-président de la Commission des représentants au Pouvoir exécutif de l'Etat.*

Le soussigné a l'honneur de transcrire à Votre Excellence, pour son exécution, la loi en date d'hier, sanctionnée par les Chambres.

Le Sénat et la Chambre des représentants de l'Etat de Buenos-Ayres, réunis en assemblée générale, ont sanctionné, en lui donnant validité et force de loi, ce qui suit :

« Art. 1er. Sont également applicables au port de la Villa del Carmen, du Rio-Negro et district de Patagones, les franchises accordées à celui de Bahia-Blanca, par une loi sanctionnée sous cette même date.

Art. 2. Pour être communiqué au Pouvoir exécutif. »

## Concessions de terrains à Bahia-Blanca et Patagones.

Buenos-Ayres, 31 octobre 1855.

« Art. 1er. Le Pouvoir exécutif est autorisé à concéder à perpétuité des terrains dans les districts de Bahia-Blanca et Patagones, aux particuliers ou aux familles nationales ou étrangères qui déclareraient vouloir s'y établir, pourvu que ladite concession n'excède pas, dans les deux districts, cent lieues carrées.

Art. 2. La concession dont il s'agit dans l'article ci-dessus ne devra point dépasser, dans les terres propres à la culture des céréales, une étendue, pour la formation de campements, de vingt cuadras (chaque cuadra : quatre cents pieds environ) carrées de cent cinquante vares par côté; dans les terres de pâturages, une étendue, pour l'établissement de fermes, de trois mille vares de front sur neuf mille de fond; et dans les terres, pour la création de villes, une étendue de deux mille cinq cents vares carrées.

Art. 3. Les titres de propriété seront accordés aux entreprises, particuliers ou familles, qui auraient rempli les conditions de colonisation ou travaux agricoles déterminées par le Pouvoir exécutif.

Art 4. Quant au choix pour la concession mentionnée dans l'art. 1er, le Pouvoir exécutif donnera la préférence, toutes circonstances étant égales, en premier lieu aux habitants actuels de Patagones et Bahia-Blanca, et en second lieu, aux colons mariés nationaux ou étrangers.

Art. 5. Que ceci soit porté à la connaissance du Pouvoir exécutif. »

Ce que le soussigné a l'honneur de transcrire à Votre Excellence pour l'exécution de la loi.

Que Dieu garde Votre Excellence de longues années.

FELIPE LLAVALLOL.
*Le secrétaire*, ALEJANDRO M. HEREDIA.

Le 3 novembre 1855.

Pour être exécuté, communiqué, publié et inséré dans le registre officiel, après en avoir accusé réception.

*Signature de* S. Exc.
RIESTRA.

---

## (II) Loi de douane pour 1857.

Les Chambres de l'Etat de Buenos-Ayres ont voté, le 9 octobre dernier, une loi de douane, destinée à être en vigueur durant l'année 1857.

Nous en reproduisons ci-après les dispositions les plus importantes pour le commerce.

(*Moniteur Universel*, 7 février 1857.)

CHAPITRE Ier.

*Importation par mer.*

« Art. 1er. Sont libres de tout droit : or, argent monnayé ou en pâte, pierres précieuses non montées, imprimeries et leurs accessoires, presses lithographiques, livres et autres imprimés, animaux reproducteurs, plantes de toute sorte, soutiens pour hangars, bois à brûler, charbon de terre, chaux et productions des autres provinces argentines.

Art. 2. Paieront 5 0/0 de leur valeur : or, argent ouvrés avec ou sans pierres précieuses, toiles de soie brodées d'or et d'argent, instruments ou ustensiles avec manche ou ornement de même métal, machines pour une industrie quelconque, mercure, sel commun, plâtre, pierres à construire, briques, douves, châssis, bois non ouvrés et bois préparés pour la construction des navires, bronzes et acier non ouvrés, cuivre en saumon ou en feuilles, plomb en feuilles ou en barres, fer en barres ou en morceaux, feuilles ou cercles, feuilles de fer-blanc, soudures d'étain, cire non ouvrée, talc, houblon, béjuque pour siéges, cuivre pour cercles, écaille, goudron, brai, charrues et machines pour l'agriculture, et, en général, toute matière première utile à l'industrie.

Art. 3. Paieront 8 0/0, la soie brute et à coudre, et tous les tissus de cette matière.

Art. 4. Paieront 15 0/0 : laines, tissus de laine, de fil, de coton, peaux tannées, métaux ouvrés autres que l'or et l'argent, papier de toute sorte, y compris celui à imprimer, instruments et ustensiles pour les beaux-arts, drogues, et tous produits non dénommés dans les autres articles de la présente loi.

Art. 5. Paieront 20 0/0 : effets d'habillement et chaussures, autres qu'en caoutchouc, sucre, tabac, herbe du Paraguay ou maté, café, thé, cacao, huile d'olive, sel de table, et, en général, comestibles de toute espèce.

Art. 6. Sont exceptés de l'article précédent, le blé, qui paiera 30 piastres par fanègue; la farine, qui paiera le même droit par quintal, et le maïs, qui paiera 20 piastres par fanègue.

Art. 7. Paieront 25 0/0 toutes les liqueurs et boissons spiritueuses.

Art. 8. Le droit de grue pour les articles qui n'entrent pas dans l'entrepôt sera d'une piastre en monnaie courante par colis d'un certain poids et d'une certaine grandeur.

Art. 9. La réfaction accordée aux vins, aux eaux-de-vie, aux liqueurs, à la bière en fût et au vinaigre, variera suivant le port où le navire a pris son chargement; elle sera de 10 0/0 pour les ports situés au-delà de la ligne; de 6 0/0 pour les ports en-deçà, et de 3 0/0 pour les ports situés en-deçà des caps (1).

(1) Il s'agit des caps situés à l'extrémité du Rio-de-la-Plata.

Art. 10. La réfaction pour bris de bouteilles contenant des liquides sera de 5 0/0, quelle qu'en soit la provenance.

CHAPITRE II.

*Exportation par mer.*

Art. 11. Paieront 3 piastres 4 réaux la pièce, les cuirs de taureau, de bœuf et de vache lorsqu'ils seront secs, et 4 piastres et demie lorsqu'ils seront salés; les cuirs de veau paieront 12 réaux la pièce (1).

Art. 12. Les cuirs de mule et de cheval paieront une piastre la pièce.

Art. 13. Les cuirs de mouton paieront 3 0/0 la douzaine.

Art 14. Les cuirs d'animaux morts-nés et autres peaux non mentionnées dans les articles précédents, les plumes d'autruche, les os, cornes et feuilles de corne pour placage, paieront 4 0/0 de leur valeur sur la place.

Art. 15. La viande fumée et salée en barils paiera 5 piastres par quintal.

Art. 16. Les langues salées paieront une piastre la douzaine.

Art. 17. Les bœufs vivants paieront 10 piastres par tête; les chevaux 6 piastres; les porcs et les autres bêtes à laine, 2 piastres.

Art. 18. L'huile animale, le suif et la graisse bruts paieront 12 réaux par arrobe.

Art. 19. Tous les produits du sol et de l'industrie de l'Etat non mentionnés dans les articles précédents, et généralement tous ceux des autres provinces argentines, sont exempts à l'exportation.

Art. 20. Sont également exempts de droits l'or et l'argent monnayés et en pâte.

CHAPITRE III.

*Importation par terre.*

Art. 21. Les produits du sol et de l'industrie des provinces argentines sont exempts de tous droits.

Art. 22. Est prohibée l'importation, par terre de toute marchandise étrangère passible d'un droit de douane. »

*Nota.* La piastre forte (8 réaux). — 5 fr. 40 c.
Le réal.................................. — » 67 5
Le quintal (4 arrobes)............ — 46 kilogr.
L'arrobe................................ — 11 500
La fanègue............................. — 55 lit. 501

(*Annales du Commerce Extérieur.*)

(1) La piastre courante vaut à peu près 25 cent.

## (1) Circulaire du Ministre des affaires étrangères.

Déjà la circulaire du 30 du mois dernier a fait connaître les relations commerciales de Buenos-Ayres avec les nations européennes, l'importance de ses exportations et de ses importations, sa population, ses progrès intérieurs et sa marche progressive d'agrandissement. Les faits mentionnés dans ce document suffisent pour faire comprendre que l'État de Buenos-Ayres est digne de l'attention de l'Europe par l'administration parfaite qui le régit.

Ces résultats ne sont pas le produit de circonstances éphémères, et l'on ne doit point appréhender qu'ils cessent d'être dans l'avenir, puisqu'ils sont la conséquence des lois que s'est données le peuple de Buenos-Ayres, lors de la chute du général Rosas ; lois issues de l'esprit éclairé du pays et de la véritable compréhension de ses intérêts économiques.

Le ministre remet aujourd'hui à M. le Consul la collection imprimée des principales lois et décrets sur le commerce extérieur et intérieur, les finances et revenus, promulgués à dater du jour où Buenos-Ayres fut régi par ses propres institutions.

Leur teneur ne permet aucun doute sur les principes suivis par le gouvernement actuel, sur l'esprit libéral qui l'anime, en faveur du commerce étranger, sur les franchises que ce commerce peut se promettre dans le pays, et l'absence de toute entrave pour le développement des industries et l'existence de tous les éléments de prospérité et de progrès que les sages principes et l'expérience ont révélés.

Nulle nation, pour ses rivières intérieures, n'avait encore consacré de si libérales dispositions.

Une entière liberté fut acquise à tous les pavillons pour le commerce de cabotage entre les populations situées sur le Paraná. Le règlement du 24 novembre 1852, par son article 6, assimila les navires nationaux aux navires étrangers, ne réservant pour les premiers, en vue de circonscrire les facilités offertes à la contrebande, que la navigation spéciale des petits canaux qui coulent à proximité du territoire de Buenos-Ayres, sur une espace de 50 lieues, jusqu'à leur réunion au grand Paraná.

Les décrets du 21 septembre 1853 et du 5 juillet 1854 rendirent effective pour le commerce étranger la libre navigation des rivières, par la création du port de San-Nicolas, sur le Paraná, où les navires marchands de tous pavillons peuvent aborder, jeter l'ancre, introduire tous genres de marchandises ou les mettre en dépôt, sans aucune exception, et sans autres formalités que celles usitées dans le port de Buenos-Ayres.

Postérieurement, les deux ports de Bahia-Blanca et del Carmen en Patagonie, sur l'Atlantique, furent déclarés le 9 juin 1855 ports francs pour l'importation et l'exportation.

Le plan d'une ville fut tracé à l'embouchure du Salado, pour rendre accessible au commerce intérieur et extérieur un port maritime, déjà connu, et où, de 1826 à 1828, une foule de navires s'étaient réfugiés, alors que Buenos-Ayres se trouvait bloqué par les forces navales du Brésil.

Dans tous les ports de l'État, il y a assimilation des pavillons étrangers au pavillon national, quant aux droits de port, fanal et tonnage (1).

Les transbordements en dépôts de marchandises dans les douanes de l'État, sans autres frais que l'emmagasinage et l'introduction de la cargaison, ont été autorisés pour entourer le commerce étranger de toutes les facilités possibles.

Ainsi, un navire entré dans le port de Buenos-Ayres peut, durant deux mois, transborder tout ou partie de sa cargaison sur des navires nationaux ou étrangers à destination des ports de l'État ou autres, sans être assujetti à aucun droit.

La loi avait primitivement exigé une garantie à la présentation de l'acquit-à-caution pour constater que les articles avaient été réellement introduits dans les ports auxquels ils étaient destinés; mais une loi postérieure exonéra le commerce de cette charge.

Un chargement, mis en dépôt, peut totalement ou partiellement séjourner pendant deux années à la douane de Buenos-Ayres, et, à l'expiration de ce délai, jouir encore en franchise du droit de transit par eau ou par terre; les dépôts sont même autorisés dans les magasins particuliers, sans aucun droit spécial et moyennant les seules dispositions prescrites par le décret du 19 avril 1855.

Le gouvernement, appréciant les avantages que trouvait le commerce des autres villes de l'État, et aussi de celles situées dans la partie supérieure du Paraná, à transporter en franchise les marchandises des dépôts, et le profit qu'auraient les maisons de commerce de détail de ces diverses localités à pouvoir alimenter leur consommation sans être obligées de se fournir de marchandises, ayant déjà payé les droits de douanes à Buenos-Ayres, permit, en vertu du décret du 3 juin 1856, d'ouvrir les colis de tissus manufacturés, placés à l'entrepôt, et d'en extraire une partie pour la consommation et le transit, sans être grevées d'aucune taxe douanière, toutes les fois que leur exportation aurait lieu pour des ports situés en dehors du territoire Buenos-Ayrien.

(1) Loi du 7 décembre 1854.

Le transit, libre de tout droit, des marchandises par terre et par eau, a été, à son tour, légalement autorisé par le règlement du 5 septembre 1854.

Buenos-Ayres a voulu faciliter de cette manière, aux villes de la République, tous les avantages du commerce extérieur, sans aucune contribution dans le territoire de l'État.

Ces dispositions tutélaires ont été complétées par la loi de douane, réglementant les droits d'importation et d'exportation.

Les lois en vigueur en 1852 frappaient de prohibition un grand nombre d'articles commerciaux, et accordaient à d'autres une protection mal conçue et ruineuse pour l'industrie. Des droits de 35 et même de 50 0/0 étaient prélevés sur plusieurs espèces de produits.

Ce système vicieux a été, dès 1853, abandonné. La loi de douane n'admet plus d'article prohibé ou monopolisé par l'État; plusieurs sont libres de tout impôt, tant à l'importation qu'à l'exportation; d'autres ne supportent qu'un droit minime, et les droits, en général, se circonscrivent à une moyenne de 15 0/0, laquelle, descend même de fait à 12 0/0, grâce à la modération des évaluations, à la base d'après laquelle les droits sont calculés et au mode de fixation de la valeur des articles.

Buenos-Ayres, séparé des autres peuples de la nation, a voulu conserver avec eux les liens de fraternité qui pourront servir un jour à réorganiser la Confédération Argentine. Il a dans ce but déclaré libres de tout droit, soit à l'introduction, soit pour leur exportation maritime, les produits et articles manufacturés de ces Provinces.

La loi de douane constitue, avec celles qui régissent les droits de patente, de papier timbré et la contribution directe sur les biens fonds, tout le système des revenus publics.

Nul autre impôt n'existe, à l'exception, pourtant, de l'impôt postal, mais la taxe en est si minime qu'elle ne suffit point à défrayer cette partie des dépenses administratives.

M. le Consul, par l'examen de ces lois, se rendra aisément compte que Buenos-Ayres est l'une des villes où les capitaux et l'industrie sont le moins onéreusement imposés.

Au commerce de l'Etat et à l'exercice des industries ont été appliqués les mêmes principes que ceux que le Corps Législatif a sanctionnés pour le commerce extérieur.

L'exportation de l'or et de l'argent qui avait été, pendant plusieurs années, ou prohibée, ou grevée de lourds droits, a été déclarée franche et licite par la loi du 15 octobre 1853.

Notre monnaie courante avait motivé plusieurs lois et plusieurs décrets contre le commerce des espèces métalliques. Ces mesures, en sens contraire, annulaient parfois les obligations ou prescrivaient leur accomplissement en monnaie courante. Les embarras et les fraudes que suscitait et favorisait cet état de choses décidèrent l'abrogation de ces anciennes lois auxquelles se substitue celle du 26 octobre 1853, qui ordonne l'exécution des contrats sans exception dans la monnaie stipulée.

Cette loi, d'une importance capitale, permet au commerce d'opérer, si bon lui semble, en espèces, sur le marché de Buenos-Ayres.

Le courtage de terre et de mer est entièrement libre, et les personnes qui prennent la patente de courtier peuvent exercer cette profession sans avoir besoin d'une nomination officielle et sans les garanties exigées avant la loi du 31 octobre 1854.

En général, la liberté de l'industrie, consignée dans la Constitution de l'État, est absolue.

Les lois protégent les inventions de nouveaux produits industriels, les améliorations apportées à une industrie quelconque ou l'introduction qui en est faite, leur concédant la patente de privilége exclusif, comme vous pourrez le voir dans la loi du 13 octobre dernier et dans le décret qui la réglemente.

La Législature et le Gouvernement ont aidé, dans la mesure du possible, les grandes entreprises actuellement en voie d'exécution à Buenos-Ayres. Ils ont, parmi des opérations, entraînant un mouvement de capitaux plus considérable encore, participé, entre autres, à la formation du chemin de fer de l'Ouest pour 1,300,000 dollars, suivant les termes généraux consignés dans le décret du 23 mai de cette année.

Toute autre entreprise d'utilité générale, quelle que soit sa nature, est assurée de trouver dans les pouvoirs publics des concessions importantes et une protection marquée.

En inaugurant la marche éclairée qu'il n'a cessé de parcourir depuis septembre 1852, le gouvernement de Buenos-Ayres dut d'abord se préoccuper du crédit intérieur, qui avait complètement disparu pendant l'administration du général Rosas, et pendant la durée de celle qui suivit sa chute.

Le produit des revenus des biens confisqués par le général Rosas, produit qui avait été versé dans les caisses de l'Etat, fut acquitté en vertu de la loi du 12 avril 1854.

Par la loi du 1er juillet de la même année, on couvrit intégralement, au moyen de billets du Trésor, la dette flottante, dont l'intérêt seul était antérieurement payé, et dont le capital s'élevait à plusieurs millions de piastres.

Le capital d'une Caisse d'épargne, disparu depuis des années, fut également payé par l'État, en conformité de la loi du 7 juillet 1854.

Le gouvernement, enfin, put dire, à bon droit, aux Chambres, dans son dernier message, qu'il ne restait aucun débiteur de l'État pour des faits accomplis ou contrats passés depuis la chute du général Rosas.

Une ancienne banque d'escompte avait été détruite en 1836, et convertie en une banque d'émission de papier monnaie, sans bonifier aucun paiement aux actionnaires qui l'avaient fondée. Le gouvernement la recréa, après avoir pris soin de liquider le capital des anciennes actions, qui n'avaient aucune valeur sur le marché. Il leur accorda, en outre, une prime qui doublait presque le capital souscrit. La Banque devint une grande caisse d'épargne, ou banque de dépôt à intérêt, qui put attirer dans son sein les capitaux inactifs, et venir, par ce moyen, en aide au commerce, en escomptant ses effets.

La confiance qu'inspirent l'administration actuelle du pays et l'administration particulière de la Banque, a été si générale et si complète, que dans un espace de trente mois, on y mit en dépôt, tant en monnaie courante qu'en argent et or monnayés, plus de 18 millions de fr. que la Banque maintient à l'escompte.

Les importants profits, réalisés par cette institution de crédit, profits qui doubleront chaque année, constituent un véritable amortissement du papier monnaie qui, en peu d'années, se trouvera garanti par le crédit public, ou amorti dans la proportion qu'indiquera l'intérêt général.

L'administration de la Banque est confiée à seize directeurs, parmi lesquels figurent constamment plusieurs chefs des maisons de commerce étrangères. Cette grande institution de crédit créée par les lois, dont mention est faite depuis la page 12, avec son développement progressif, suffit seule à démontrer la confiance de la population et celle du commerce dans l'ordre actuel, et les garanties qui entourent à Buenos-Ayres les propriétés et les personnes.

Le gouvernement ne pouvait non plus oublier l'immigration étrangère, élément si nécessaire dans un pays insuffisamment peuplé. Mais il pensa que le moyen de l'attirer ne consistait point en concessions de terrains. L'immigration à Buenos-Ayres devait rester complètement libre pour se dévouer aux nombreux travaux que lui offre le pays, et pour répondre à la constante demande de bras qui s'y produit et non être établie dans une localité déterminée, où on lui eût imposé des conditions de culture et d'établissement.

L'expérience a démontré que l'immigrant, une fois installé à Buenos-Ayres, comprend immédiatement que l'acquisition d'une propriété territoriale lui deviendra très facile ; qu'il pourra aisément, le jour où il le voudra, s'établir soit dans les villages de la campagne, soit auprès des rivières navigables, ou se consacrer aux soins du labourage et de l'agriculture.

Or, sa préférence est acquise aux salaires élevés, qui ne sont inférieurs jamais pour les simples journaliers à 5 fr. par jour, ou à l'exercice d'autres industries qui lui procurent très promptement un véritable capital.

Il était donc convenable que l'immigrant demeurât entièrement libre, et qu'on ne l'engageât point dans des travaux d'agriculture qui pouvaient ne pas répondre à ses désirs. L'action du gouvernement devait se limiter à l'offre de terres dont l'acquisition deviendra très facile aux immigrants, d'après les lois générales qui régissent les terres de propriété publique.

Les moyens indirects donneront lieu toujours à de meilleurs résultats, pour l'immigration elle-même, que l'offre de terrains, dont ils peuvent, au premier jour, se rendre acquéreurs avec les salaires accumulés de quelques mois seulement.

Ces considérations ont circonscrit sous ce rapport l'action du gouvernement à la promulgation de lois générales sur les terres de l'État, stipulant que les immigrants qui seraient dans l'intention de s'y établir et d'y former des exploitations agricoles, y trouveront toute facilité pour se rendre acquéreurs d'une propriété territoriale.

Dans le cas où l'immigration voudrait s'éloigner des centres actuels de population, et occuper le territoire où sont situés les ports de Bahia-Blanca et Patagones, la loi du 31 octobre 1854 a autorisé le gouvernement à lui concéder, dans ces parages, des terrains en propriété.

On a également institué, par la loi du 27 septembre 1854, une commission protectrice de l'immigration, destinée à l'aider pour l'accomplissement des contrats passés avec les entrepreneurs.

L'expérience a démontré l'utilité de cette pensée du gouvernement. Dès leur arrivée à Buenos-Ayres, les immigrants sont recherchés avec empressement pour divers travaux, soit à la ville, soit à la campagne, et ils peuvent choisir, parmi ces demandes, l'occupation la plus fructueuse. Cette entière liberté d'industrie, exempte de toute détermination de localités, est avantageusement fécondée par la demande croissante de bras dans toutes les parties du territoire, et conduit les immigrants à réaliser en peu d'années des capitaux suffisants pour se vouer ensuite, avec avantage, à la formation d'établissements ruraux.

Les diverses conditions de cet ordre économique, consacré par les lois ci-jointes, est en parfait accord avec les libertés politiques, religieuses et industrielles, sanctionnées par la Constitution, avec les lois organiques des corps administratifs, celles du droit civil et toutes les coutumes du pays.

On peut dire qu'à Buenos-Ayres il n'est pas d'étrangers. Chacun jouit des droits civils dans leur plénitude, et rien absolument n'est réservé aux nationaux que l'exercice des droits politiques.

Buenos-Ayres a, de cette façon, attiré à elle la population, l'industrie, et les capitaux étrangers, et les résultats ont confirmé la justesse de ses théories; ses revenus et son commerce s'accroissent énormément; le travail et les entreprises de toute espèce se développent sans obstacle. La valeur des biens-fonds augmente d'une manière inattendue. Le bétail et les établissements ruraux produisent des rentes considérables, le bien-être est général, et Buenos-Ayres éminemment prospère.

Le gouvernement ne doute pas qu'en faisant connaître aux nations étrangères l'état actuel de Buenos-Ayres, de ses lois de commerce et de finances, il n'en résulte réciproquement de grands avantages.

*Signé :* DALMACIO VELEZ-SARSFIELD.

---

## (J) Marchandises en entrepôts. — Ouverture des colis autorisés.

Buenos-Ayres, le 3 juin 1856.

Désirant donner au commerce du port de Buenos-Ayres toutes les facilités possibles, le gouvernement, en vertu des pouvoirs que lui confère la loi de douane, décrète :

« Art. 1er. Il est permis d'ouvrir les colis de tissus en entrepôt, et de faire, pour la consommation ou le transit, l'expédition d'une partie de leur contenu, sans toutefois fractionner les pièces.

Art. 2. Les colis de tissus qui devront être ouverts seront déposés dans un magasin spécial qui sera disposé à cet effet par les soins du collecteur général. Pour leur translation, on se conformera à la marche actuellement suivie pour le renouvellement des dépôts dont le terme est expiré, les droits de *magasinage* et d'*élingage* exigibles devant être acquittés avant cette translation.

Art. 3. Les frais de translation, d'ouverture et de fermeture des colis, et tous autres frais extraordinaires occasionnés dans l'entrepôt des colis ouverts, seront à la charge des intéressés. Les droits précités de *magasinage* et d'*élingage* seront perçus et payés de la même manière que les droits généraux de douane.

Art. 4. L'entrepôt des colis ouverts sera sous la direction d'un garde-magasin sédentaire, qui tiendra un registre détaillé des entrées et sorties de marchandises, avec les noms de leurs propriétaires.

Art. 5. Le bureau du contrôle des douanes tiendra, de son côté, un registre détaillé de l'entrepôt des colis ouverts, registre qu'il collationnera à la fin de chaque mois avec celui du garde-magasin. Tous les trois mois, et plus souvent s'il le faut, ce bureau confrontera ses écritures avec les marchandises, et en fera un dénombrement minutieux. »

---

## (K) Commission de patronage pour l'immigration, et exemption de droits de port pour les navires transportant, au moins, 50 passagers.

Buenos-Ayres, le 27 septembre 1854.

Le soussigné a l'honneur de transmettre à Votre Excellence, conformément à l'art. 73 de la Constitution, le projet de loi sanctionné par les deux chambres. Le Sénat et la Chambre des représentants de l'État de Buenos-Ayres, réunis en assemblée générale, ont sanctionné la loi suivante :

« Art. 1er. Les juges de paix connaîtront et résoudront, en premier degré toute affaire ou demande de leur ressort :

1° Relativement à la manière de comprendre ou d'exécuter les stipulations des contrats de voyage passés entre les émigrés et l'entrepreneur, ou le capitaine du navire conducteur ;

2° Relativement à l'exécution des contrats de transport des immigrants passés entre les immigrants et les patrons qui les ont pris à leur service.

Art. 2. Les juges de paix rendront leur sentence verbalement, et en feront dresser procès-verbal.

Art. 3. Les décisions, ou sentences des tribunaux de paix, seront susceptibles d'appel devant les tribunaux de première instance, qui procéderont aussi verbalement, et dont les sentences seront exécutoires.

Art. 4. On déclare que toutes les dispositions des articles précédents se rapportent uniquement aux immigrants qui sont arrivés dans le pays, ou qui y arriveront ensuite, en expédition ou pour compte d'une entreprise, et qui se trouveront devoir la totalité ou une partie du prix de leur passage.

Art. 5. On déclare que les contrats en vertu desquels on aura introduit dans l'État des artisans, ou toute autre espèce de travailleurs ou colons, devront être maintenus par les tribunaux dans toute la rigueur de la lettre, sans admettre contre eux aucune exception quelconque.

Art. 6. On déclare également que, relativement à toute espèce de contrats passés par des immigrants qui ont payé la totalité du prix de leur passage, ou qui sont venus individuellement ou pour leur compte, les lois communes et générales continueront à être en vigueur.

Art. 7. Le Pouvoir exécutif nommera et instituera une commission dite *de l'Immigration*, composée de neuf à quinze personnes de toute nationalité, et qui, avant l'organisation qu'elle se donnera par un règlement, remplira gratuitement les fonctions suivantes :

1° Dans tout doute ou question élevée relativement aux dispositions de l'article 1er, elle cherchera de toute manière à obtenir un arrangement ou une conciliation à l'amiable entre les parties intéressées.

2° Si l'on ne peut obtenir une conciliation, on soumettra, dans le cas où les deux parties y consentiront, les différends survenus entre elles au jugement d'arbitres élus par elles parmi les membres de la commission.

3° Dans le cas où une affaire sera portée devant un tribunal, la commission pourra nommer à cet effet, dans son sein, ou en dehors d'elle, des agents qui, sans avoir besoin d'une procuration en forme, et avec la seule autorisation par écrit du président et du secrétaire de la commission, seront admis par le tribunal comme ses légitimes fondés de pouvoirs.

4° On tiendra, avec la plus grande exactitude possible, un registre des immigrants qui sont arrivés, ou qui arriveront à l'avenir en expédition ou par entreprise, et qui se trouveront devoir une partie ou la totalité du prix de leur passage, et un autre registre tant pour les contrats de passage que pour ceux d'installation.

5° On proposera au gouvernement les moyens et les mesures supposées les plus opportunes pour la meilleure exécution des objets pour lesquels elle est instituée.

6° On exigera, dans le même but, de toutes les administrations publiques, par l'entremise de leurs agents, leur coopération et la communication de tous les documents dont elle pourra avoir besoin, et ces administrations devront s'y prêter.

7° Elle emploiera tous les moyens possibles pour que les dispositions de la présente loi soient bien connues et bien comprises de tous les immigrants dont parle l'article 4.

Art. 8. On accordera aux rapports, attestations et appréciations de la Commission la même foi et autorité qu'à des actes publics.

Art. 9. Dans toutes les circonstances judiciaires qui auront lieu, en vertu des art. 1, 2 et 3, elle pourra se servir exclusivement de papier ordinaire.

Art. 10. Les bâtiments qui transportent des immigrants demeurent exempts de droits de port, toutes les fois qu'ils transporteront au moins, à la fois, une cinquantaine de personnes.

Art. 11. Le présent sera communiqué au pouvoir exécutif. »

Dieu garde Votre Excellence pendant de longues années.

*Signé* Philippe Llavallol,
Alexandre M. Heredia, *secrétaire*.

5 octobre 1854.

Veuillez bien en accuser réception et le faire publier.

Signature de Son Excellence.
Portela.

---

## (L) Assimilation des navires étrangers aux navires nationaux.

Buenos-Ayres, le 7 septembre 1854.

*Le Président de la Chambre des représentants au Pouvoir exécutif de l'État.*

Le soussigné a l'honneur de transmettre à Votre Excellence, pour les fins que de droit, la loi, en date d'hier, sanctionnée par les chambres.

Le Sénat et la Chambre des représentants de l'État de Buenos-Ayres, réunis en assemblée générale, ont sanctionné, en leur donnant la valeur et la force d'une loi, les articles suivants, savoir :

« Art. 1er. A partir de la promulgation de la présente loi, on ne pourra percevoir, dans les ports de l'État de Buenos-Ayres, sur les navires des nations amies, du port de plus de 120 tonneaux, pour droit de tonnage, de fanal, de port, de pilotage, de sauvetage en cas d'avarie ou de naufrage, de droits plus élevés que ceux que l'on perçoit sur les navires argentins.

Art. 2. Cette loi sera communiquée au pouvoir exécutif. »

*Signé* Manuel M. Escalada,
José M. Guttierrez, *secrétaire*.

Ce 9 septembre 1854.

www.ingramcontent.com/pod-product-compliance
Lightning Source LLC
LaVergne TN
LVHW020438230826
846091LV00004B/1535